公益的力量

目錄

公益的路上
董氏給你我的健康關懷

文／謝孟雄（董氏基金會董事長、實踐大學董事長）

6 年前（2008 年），那時基金會的董事，也是前執行長葉金川，到實踐大學拜訪我，力邀我出任董氏基金會的董事長。那時我了解董氏基金會在民間社會做了許多有利國人身心健康的好事，可是如果接下這領導的重任，我坦言恐怕無力做到完善，一來我已投入許多精力在實踐大學上，二來亦有許多民間團體請我幫忙出任領導職位，我也多次婉拒，因為我總覺得如果被賦予一個職位身分後，就需全心投入，以盡善盡美為目標。沒多久，葉前執行長再次帶著基金會董事會的誠意，請我一定要幫忙，我無法推辭下，接下了這個責任。

6 年來，雖然參與了基金會各組業務的一些重要活動，基金會各組的業務亦往前推動進行，但心中一直過意不去，因為還是有許多活動，我無法再有額外時間和同仁一起參與。所幸，基金會在創辦人嚴道先生奠下好的基礎和方向，加上基金會領導的先進、志工朋友，以及為基金會打拚的同仁們，共同努力下，每一年在菸害防制、心理衛生及食品營養的推動上，都有成功的落實計劃。

30 年來，基金會長期著力在菸害防制、心理衛生及食品營養的衛教方向，確實對民眾的健康關懷極為重要。我以醫學背景來

看待這三個方向，亦極有道理。1965 年我在費城愛因斯坦擔任病理研究員，曾解剖 72 具屍體，發現新生兒的肺部是粉紅色的，中年的屍體肺部是淺褐色到深竭色，但是老菸槍的肺是黑炭色的，可見菸害對肺部的傷害。吸菸者除了易罹患肺癌外，長期吸菸必然會引起肺氣腫及慢性阻塞性肺病（COPD），如果不想被 COPD 所苦，如果想要健康，最有效的動作只有兩個：第一就是立即終止吸菸，停止惡化；第二就是不要吸菸，以免上癮。

除了身體健康外，心理健康也同等重要。15 年前，基金會就提出重視憂鬱症預防，關注國人的憂鬱情緒，近來更有實際的宣導方法，推廣運動紓解憂鬱情緒。的確，人如果不運動，就像水不流動，會變成一灘死水，透過運動，可以忘掉煩惱，紓解心中的壓力。

最後，人從一出生，都離不開飲食，「吃」是人的本能，人有滿足食慾，維持飽腹的需求。可是要合乎身體健康的需求，「營養」就是重要目的，吃得太多、吃得太補，不叫營養。基金會致力推廣國人「吃得健康、吃得安全、吃得營養、吃得環保」觀念，極為正確。

健康的重點就在於懂得預防，基金會在預防醫學的衛教基礎上，為國人健康做了很大貢獻，因為一分的預防，將可省掉九分的治療！

今年是基金會成立 30 周年，30 年來董氏基金會感謝有你，感謝國人的肯定與支持。未來，公益的路上，更需要你的相伴，一起為全民身心健康的福祉，繼續打拚下去！

三十而立
期許未來繼續堅持創會精神

文／姚思遠（董氏基金會執行長、東吳大學法律系教授）

30年前，當臺灣社會對公共衛生議題仍處於相對懵懂的年代，嚴道董事長在董之英先生的協助下，以「菸害防制」、「心理衛生」及「食品營養」為主軸，成立了董氏基金會。30年的歲月流轉，臺灣社會也證明了嚴董事長對公衛發展的前瞻視野與格局。

曾是癮君子的我，會與董氏基金會產生交集，確屬偶然。2001年間，董氏基金會、消基會、人權協會等15個團體經過兩年多的籌備，發起跨國控告菸商的活動，由於我具有美國加州律師資格，在林信和教授的引薦下，得到嚴董事長邀請擔任法律顧問，開始了與董氏基金會的合作關係。當時我仍有吸菸習慣，林教授當然不會為我隱瞞，但嚴董事長只淡淡地說了句：「應該想辦法戒掉」，就沒再多說些甚麼。事後想來，嚴董事長對吸菸者的同情態度，也促使我一再提醒同仁：「只有菸商是我們絕不妥協的敵人，其他要不是我們的朋友，就是菸商惡行的被害人。」

菸害訴訟雖然最後因政府的猶豫而未能成功，但我在過程中所得到的資訊，讓我對於菸商近百年來的銷售手段及迄今不變的

惡劣心態深惡痛絕，於是開始常態性的參與董氏基金會活動。嚴董事長過世後，在賴東明董事長的邀請下，開始擔任基金會董事，6 年前，更在謝孟雄董事長的信賴下，接任執行長一職，有機會更積極的參與基金會的公益努力。這十餘年來，能與這群執著於信念和理想的同仁及義工們，一起為大家的健康快樂而努力，讓我深感榮幸。

對基金會，我個人也充滿無限感激，因為我就是董氏基金會要救贖的對象。基金會有菸害組，我曾經是反覆戒菸的癮君子；基金會有心理衛生組，我自小就深受暴躁過動之害；基金會有食品營養組，我的身材則是數十年來都與眾不同。作為董氏基金會各組的「負面教材」，我極度珍惜基金會帶給我的約束與啟發，更深深感謝所有同仁對我的包容與協助。

感謝 30 年來，所有曾經幫助及督促過董氏基金會的朋友，也期許三十而立的董氏基金會，在未來或將更為艱難拮据的環境中奮鬥時，始終能堅持創會精神，以寒梅卓絕的精神，發揮沛然莫之能禦的公益力量。

【前言】

董氏情，公益心

　　財團法人董氏基金會於 1984 年 5 月 19 日，由董之英與嚴道共同創立，以「促進國民身心健康、預防保健重於治療」為宗旨，從事創辦或協助有關國民身心健康之衛生事業，致力於菸害防制、食品營養、心理衛生等工作，全方位關懷全民身心健康。

123 80 年代，國人對「菸害」還懵懵懂懂的時期，董氏基金會即以「人人有權拒吸二手菸」，展開國內菸害防制的序幕。

董氏基金會設立有菸害防制組、心理衛生組、食品營養組及大家健康雜誌等，30年來，在已故董事長嚴道與歷任董事長：賴東明、黃鎮台、謝孟雄，以及歷任執行長：葉金川、周逸衡、姚思遠，帶領基金會同仁共同努力下，加上義工們的投入、社會大眾的支持，董氏基金會已在臺灣成為具有公信力之公益團體，並受到社會各界肯定。

4 5 2002年，董氏基金會相繼在臺中成立中部辦公室、花蓮成立東部辦公室、高雄成立南部辦公室，為國人的健康服務。
6 2004年，董氏基金會20周年，接受各界祝福。
7 董氏基金會致力推廣國人「吃得健康、吃得安全、吃得營養、吃得環保」觀念，扮演營養教育先鋒。

　　董氏基金會始終堅持服務宗旨，從身體到心靈，從個人到群體，對健康的關懷從不懈怠；對理念的堅持，從不退縮。在公益上，守護全民的健康，是董氏基金會永遠的堅持和承諾！

8董氏基金會秉持「往下扎根」的理念，在心理衛生推動上，以情緒教育為主訴，創辦各式兒童青少年成長活動。

9 10董氏基金會菸害防制除了推動法令政策外，亦與衛生部門緊密合作，衷心期望 2050 年，成人吸菸率降到 5％以下，達到無菸臺灣的願景。

董氏基金會組織架構圖

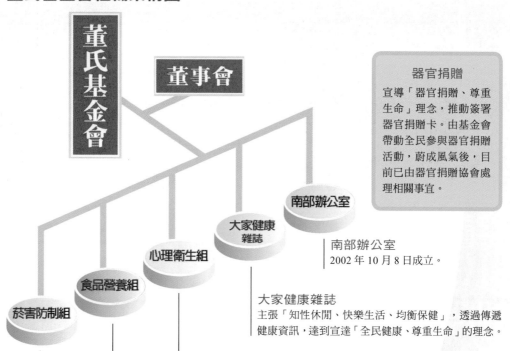

董氏基金會 — 董事會 — 菸害防制組、食品營養組、心理衛生組、大家健康雜誌、南部辦公室

器官捐贈

宣導「器官捐贈、尊重生命」理念，推動簽署器官捐贈卡。由基金會帶動全民參與器官捐贈活動，蔚成風氣後，目前已由器官捐贈協會處理相關事宜。

南部辦公室

2002 年 10 月 8 日成立。

大家健康雜誌

主張「知性休閒、快樂生活、均衡保健」，透過傳遞健康資訊，達到宣達「全民健康、尊重生命」的理念。

心理衛生

秉持「往下扎根」的概念，舉辦各式兒童青少年成長活動，並積極推動心理健康工作，以壓力調適、情緒紓解及憂鬱症預防宣導為工作主題，出版相關心理衛生宣導品，包括書籍、手冊、CF、短片等，並舉辦各式宣導教育活動，包括從事調查研究、辦理講座訓練、創立憂鬱症篩檢日等，提醒國人自我情緒覺察，及重視憂鬱症預防，給予憂鬱患者支持與協助，達成「預防重於治療」目標，減低因憂鬱症帶來的社會資源損失或浪費。

食品營養

致力推廣國人「吃得健康、吃得安全、吃得營養、吃得環保」觀念，結合產官學各界，舉辦各式社會宣導、教育教學、開發及出版相關教材和文宣品；同時針對國人飲食現況進行調查研究，促請政府相關單位制訂政策、建立制度，使國人能確實於生活中實踐健康的飲食型態。近幾年來，關注校園飲食議題及規範，宣導多吃蔬果、均衡飲食、健康體位概念，期待透過落實兒童營養教育扎根行動，共同打造健康飲食大環境。

菸害防制

董氏基金會為國內最早推動菸害防制宣導的非營利組織，致力於國內菸害防制工作規劃，推動菸害教育宣導，制定相關政策法案並監督執法。多年來，完成菸害防制立法，公共場所全面禁菸等工作，成為國內反菸領導團體。並於 1989 年，召集亞洲各國反菸團體，共同創立亞太地區拒菸協會（APACT, Asian Pacific Association for the Control of Tobacco），結合亞太國家反菸力量，共同對抗跨國菸草公司，同時積極參與國際反菸組織，學習國際經驗。

【第一部】

嚴道先生與董氏基金會

一生行公益，溫情暖人間

被臺灣全民譽為「現代林則徐」，也曾被孫越推崇為「臺灣的希望，中國的希望，公益上讓人敬重的長者」的董氏基金會大家長嚴道先生，在 2002 年 9 月 6 日，因突發心肌梗塞，與世長辭，享年 82 歲。

1984 年，嚴道先生一手創辦董氏基金會，帶動國人反菸的意識，影響所及，包括推動制定菸害防制法。嚴道先生也積極關懷兒童營養與國人的心理健康，特別關注校園食品的把關，以及憂鬱症的預防。他在董氏基金會成立一年後，創辦《大家健康》雜誌，關懷所有國人身心靈的健康。

嚴道先生從吸菸到反菸，一生投入公益，他是一位把握原則、堅持到底、熱愛生命、關懷社會的勇者。

在嚴道先生的傳記《公益的軌跡》中，他說，「自己是在年紀較大了之後，才開始做公益，所以內心十分急迫，拚命想做很多事」。自

1999 年，嚴道參與 APACT (亞太地區拒菸協會) 十週年，以榮譽主席身分致詞。

1993 年，嚴道於宣傳戒菸活動頑皮地與「徐則林」合影。

許天天在和時間賽跑的嚴道，甚至常常告訴部屬：「若只抱著『分秒必爭』的心去做公益，那並不夠，一個真正的公益人，必須要『秒秒必爭』、即知即行，才是最佳服務典範。」公益是他的志業，也是他快樂的泉源。

1993 年，嚴道在「贈送計程車禁菸椅套」活動，現場並贈送名為「關懷」的錄音帶。

善心善行
源於幼時

嚴道先生 1921 年生於上海富貴之家，然而，他的父母自奉簡樸，不許子女奢靡浪費，常以「白吃白胖，長大以後開典當」訓

誠子女勤儉，甚至過年都以「悶聲才能大發財」為由，捨不得買串鞭炮放。

　　他的傳記《公益的軌跡》中回憶，父親嚴慶祥公雖然要家人縮衣節食，卻十分樂於幫助周遭貧困的人，「父親施米、捐錢、蓋學堂、提供工作機會……，對能盡力助人的事，一點都不吝嗇，也不藏私。」嚴道先生受父親的善心義行影響，自小熱心公益，亦以儒家「嚴以律己，寬以待人」的處世準則約束自己。

　　嚴道先生就讀東吳大學法律系一年級時，正值抗戰初期八一三淞滬戰役後。那時大批難民湧進上海，過著飢餓挨凍的生活，年僅 16 歲的嚴道先生目睹此景，惻隱之心油然而生，便帶領學校的基督教團契成員發起「一碗飯運動」—— 每人每天省吃一碗飯，將省下的飯錢捐給難民買糧食。這項突發的小小善舉，竟然風行草偃，影響所及，全上海市大學生同步響應，上海各界也都熱烈參與。最後，因為得到的善款實在多到學生無法自行處理，只好轉交教育部統籌發放。

　　大陸變色

1987 年，嚴道接待菸害防制早期盟友美國麻州菸害防制室主任康諾利（右）、史萊博士（左）來臺訪問。

後，嚴道先生遠走巴西創業，從經營麵粉廠做起，奠定事業的基礎。一次獲悉當地一位老太太唐娜莉莉，打算募款蓋一座能夠收容一百多個孩子的孤兒院，卻因籌不到

1991 年，為抵制美國利用 301 法案向臺灣傾銷菸品走上街頭。

錢而進度落後，嚴道先生慨然應允負擔一半興建孤兒院的費用。他認為，做好事是眾志成城的工作，絕對沒有地域與種族的分別。

歷經戰火洗禮，留學、創業的奔波，五十年代，嚴道先生返臺定居，將海外的資金全部挹注回臺。1984 年成立董氏基金會之

1998 年，於美國在臺協會 (AIT) 前表達「菸品開徵健康福利捐不會影響臺灣加入 WTO。

後，嚴道先生由一天兩包菸的老菸槍，搖身一變成為反菸鬥士，開啟臺灣菸害防制歷史扉頁，並且主張人人有權「拒吸二手菸」，正式建立基金會「尊重生命，全民健康」的公益理念。

不希望國人像他無知染上菸癮

嚴家經商，生意往來，當時以「菸」待客是一種禮數，十一、十二歲的嚴道先生，因好奇心偷偷點燃了生平第一支菸捲，自此養成抽菸的習慣。更糟糕的是，嚴道先生不僅自己抽，還拿菸到學校，強迫同學和他一起抽，嚴道先生誤以為在裊裊菸霧中，是最能建立哥兒們好交情的時刻。

染上菸癮後，嚴道先生菸愈抽愈多，直到 48 歲以前，每天都維持至少兩包的菸量。到了 50 歲，嚴道先生因為喉嚨不適、胸肺疼痛，赴醫檢查之後，受到醫生警告：「抽菸太多，引發肺氣管

1999 年，於臺北舉辦 APACT 十週年慶暨菸害防制研討會，來自 25 個國家代表於會後合影。

阻塞」，才終於下定決心戒菸，遺憾的是，雖然順利戒了菸，抽菸仍然破壞了他的健康，於 52 歲那年，切除了受菸傷害的右肺大葉。嚴道先生自此深刻體認吸菸的害處，決定要將有生之年貢獻給社會，讓國人不要像他一樣無知地染上菸癮。

嚴道先生在《公益的軌跡》後記，寫道：「抽菸改變了我的一生，破壞了我的身體健康，讓我割除了右肺大葉，也因為這樣，使我決心將退休的時間，奉獻給社會，希望藉此讓國民知道菸的害處，不要像我一樣，無知地染上菸癮。成立董氏基金會，實在是一種緣分，當初董之英先生如果沒有受到商場上不道德的詐騙，也不會找上我幫忙，也不會在問題解決之後，一起成立了董氏基金會，做社會服務工作，宣導預防重於治療的觀念。」

基金會成立之初即確立菸害防制的工作方向，首先號召成立「拒菸聯盟」；接著以「禮貌、行動、權利」為口號，喚醒不吸菸者「有權利拒吸二手菸」的意

嚴道和董之英共同創辦董氏基金會。

2002 年 8 月 6 日，嚴道先生 82 歲生日感恩會，會中期許政府「帶苦老百姓走平安的路。」

識；進一步邀請拍攝「西部牛仔之死」菸害紀錄片的製作人、《菸幕》一書作者彼得·泰勒來臺宣傳；正當美國引用三〇一法案逼迫中美菸酒談判達成有利美國菸商的決議之際，基金會更帶頭於臺北、臺中、臺南及高雄發起「一一〇八全國拒菸日」簽名抗議活動。

1988 年，洋菸大舉入侵臺灣，基金會再度發起一連串的拒菸活動，但是鎮日與菸草抗戰的嚴道先生，自此也體認，如果政府再不立法拒菸，臺灣將繼清朝之後再度淪為外國菸品的殖民地。

從 1988 年著手立法，到 1997 年立法院通過菸害防制法，前後歷經十年的艱苦奮鬥，嚴道先生始終如一，無怨無悔。期間，嚴道先生曾在某大學演講宣導勇於拒菸，隔天遭到該校老師投稿罵他是「共產黨」，鼓譟學生「目無尊長，搞革命」；另有一次在館前路新公園（二二八紀念公園）辦活動，被當場激動的菸槍

1998 年，榮獲第一屆國家公益獎。

「養天地正氣，法古今完人」是東吳大學校訓，也是嚴道先生最喜歡的座右銘，他最愛在劉海粟大師此筆墨前留影。

老榮民邊罵邊吐痰在臉上；而當中也因為「擋人財路」，被譏為「法西斯主義」，試圖破壞基金會及嚴道先生的形象；菸商更是四處造謠「董氏基金會沒有彈性，堅持己見，逼得菸商只好團結反抗」……。這一切的代價，終在 1997 年 3 月 4 日，立法院敲下議事槌宣布菸害防制法完成立法的那一刻，獲得甜美的回報。

誓言反菸
直到無菸世界來臨為止

推動國內菸害防制法立法的同時，嚴道先生深知臺灣在國際上的聲音太微弱，沒有辦法單獨站上國際舞臺，唯有結合其他國家組成拒菸團體，發出的聲音才有力量，媒體也才會投以重視的眼光。

於是 1989 年，嚴道先生扮演推手，自掏腰包二百多

萬，邀請亞洲各國
反菸運動領袖，以
及美國麻州菸害防
制室主任康諾利齊
聚臺北，順利成立
第一個由中華民國
發起的國際組織「亞
太地區國家拒菸協
會（APACT）」，
共同抵禦世界菸草
商的龐大勢力，嚴
道先生並被亞太拒
菸協會推崇為「永
久榮譽主席」。

1985～1989 年，董氏基金會有計畫地為運動選手王思婷、蘇子寧設計飲食，以求更符合他們的營養需求。

　　1989 年，繼日
本、韓國、臺灣之
後，泰國也遭受美國

1998 年，嚴道獲頒醫療貢獻獎。

動用三〇一法案逼迫開放菸品進口，泰國向 APACT 求助。為了
協助泰國對抗美國，嚴道先生以臺灣經驗聯合香港的朱諦斯·馬
凱及美國麻州菸害防制室主任康諾利等世界知名反菸領袖，幫助
泰國與美方周旋，同時協助泰國前往美國出席聽證會，嚴道先生
並以 APACT 主席的身分，親自錄了一捲演講錄音帶在美國國會播
放，向美方抗議，結果成功讓泰國不致因恐遭美國三〇一法案懲

罰，被迫開放菸品市場及菸品廣告。

　　相隔 11 年，泰國於 2000 年 12 月 4 日泰王生日前夕，頒授象徵至高敬意的「泰王最高三等司令勳章」予嚴道先生，感謝他多年來對泰國拒菸運動無私的付出，嚴道先生於贈獎酒會上，再一次宣示他將不會停止這場與菸草的戰爭，直到無菸世界來臨為止。

尊重生命
掌舵董氏基金會十八年

　　嚴道在《公益的軌跡》後記回憶：「基金會成立之初，一開始並未受到各界重視，可謂形單影隻、孤軍奮鬥，但一路走來，總在關鍵時刻，獲得各界的援手，得以衝破重重的難關，我深信『德不孤，必有鄰』，也感謝上天對我的厚愛，在公益的路上，我不曾感到孤單，只有隨著歲月的前進，累積更多感謝的心。」

　　他說，「最美好的、最富裕的，一剎那即成過去；最痛苦、最貧窮的，也是一剎那即成過去。因此我們應珍惜我們的生命、了解生命的真諦，盡力活在當下、也去幫助別人的健康快樂人生。」

嚴道喜歡與孩子同樂。圖為 1990 年，他帶領臺灣學童至日本豐田汽車參訪。

2001 年，嚴道與當時拒菸活動代言人成龍合照。

2000 年，嚴道以聖誕老人的裝扮，祝福由董氏基金會發行的大家健康雜誌讀者平安。

工作守則

以愛心與真誠的心待人

保持給予與敢做的勇氣

少為自己打算，多為別人設想

講話要厚道寬大有正義真理

多為人服務少計較金錢

和睦相處忠實對待朋友

相互讚美鼓勵，能引發更多的努力

嚴以克己寬以待人

在人背後多說好話

遇事不氣餒要有信心

不要生氣要有志氣

（創辦人嚴道為董氏基金會寫下的工作守則）

【第二部】全方位的健康關懷
菸害防制篇

社會倡議到立法推動
讓臺灣菸害防制從無到有

　　在那菸霧瀰漫、社會相對保守的年代，臺灣出現了「拒吸二手菸」的運動，發行了 20 萬份「我？歲，我不吸菸」的「拒菸身分證」，創造了禁菸漫畫人物「徐則林」，以及我家不吸菸的「阿皮」，這是伴隨著臺灣五、六年級誕生的時代產物，大家無不印象深刻！現代的青年學子則對 2009 年新法上路時蔡依林的「無菸場所─最有態度」及林依晨的「謝謝您～室內不吸菸」，到周杰倫「不吸菸、我挺你」以及蕭敬騰的「拒一口菸、爭一口氣」耳熟能詳，而這些拒菸倡議都是出自臺灣長期投入菸害防制的公益

團體─董氏基金會！

　　董氏基金會自 1984 年成立以來，與民間及公部門緊密合作，致力於臺灣菸害防制社會倡議、政策規劃、立法推動、教育宣導與媒體傳播，輔以主動結盟的國際合作，從無到有的推動歷程，儼然是臺灣菸害防制的發展史。

　　猶記 80 年代，當國人對「菸害」還懵懵懂懂之際，嚴道董事長及影帝孫越兩位菸害過來人一拍即合，以「人人有權拒吸二手菸」的訴求，展開了臺灣菸害防制的序幕；1987 年臺灣「被迫」開放洋菸進口同時，美國要求我政府開放菸品廣告促銷。嚴道董事長登高一呼，一舉號召 21 個民間團體成立「中華民國拒菸聯盟」，歷經 6 年 10 次不斷的陳情與抗議，最後在衛生署前署長張博雅的主動幫助下，我們在美國三大報刊登「抗議美國輸出癌症與死亡」廣告，引起國際媒體重視，CNN 與 BCC 皆跨海採訪……，促使美國終於明確放棄以開放菸品廣告為貿易談判的籌碼。當時，與臺灣同樣面臨國際菸草公司龐大廣告行銷壓力下的亞洲各國，面臨無力抗衡的困窘局面，嚴道先生乃不畏艱難，出錢出力於 1989 年創辦「亞太地區拒菸協會」，並敦請享譽國際的公衛學者陳紫郎教授擔任協會祕書長，串聯亞太各國共同抵禦跨國菸草公司的掠奪。

　　1990 年，董氏基金會成功促使行政院前院長郝柏村下令終止長達數十年的軍中配菸政策，也讓 36 歲的搖滾歌手薛岳臨終前的「如果還有明天與尊重生命」公益廣告，成為電視台可免費播放的首例。此外，嚴道董事長還鼓勵戒菸的模特兒陳淑麗站出來，並促使曾經擔任菸酒公賣局局長的吳伯雄「反正」，與孫越先生共同擔任基金會的三位「終身義工」，成為臺灣戒菸行動的最佳

代言人！基金會在推動菸害防制立法部分，與衛生署也有相當密切的合作關係。自 1989 年起，在林信和教授的親自操刀規畫下，基金會率先推出「菸害法草案」，展開全臺灣的連署立法運動，並聯合關心國民健康之立法委員，共同努力。前後八年、歷經「千辛萬苦」，終於在 1997 年促成臺灣「菸害防制法」的誕生，對國際而言，當時臺灣完成的是一部驚天動地、傲視國際的全面性控菸法規；隨即再進一步提案推動開徵「菸品健康福利捐」，積極對抗臺灣長期以來的低菸稅及廉價菸，提供控菸行動良好的推展基石。這些漸被遺忘的歷史，在在是建構臺灣今日菸害防制規模的關鍵！

隨著數以萬計的菸害研究及 WHO「菸草控制框架公約」的頒布，1997 年制定的菸害防制法，很快就不敷時代的需求，於是當時的董事長黃鎮台與執行長周逸衡帶著大家全力尋求修法，並得到田秋堇及丁守中等朝野立委的勇敢支持，亦在孫叔叔癌症術後的呼籲請託下，終使菸害防制法得以於 2007 年修正通過，自 2009 年 1 月起執行「大部分室內公共及工作場所禁菸」，估計該項「不便菸民」的公衛措施促成了 33 萬人的成功戒菸，一年減少了 58.6 億支菸品的消費；僅管如此，臺灣並未完全免於菸害！目前，基金會謝孟雄董事長及姚思遠執行長正帶領基金會同仁，遵循 WHO 唯一公約「菸草控制框架公約」的規範，繼續推動修法，務期全民都能免於一手菸、二手菸，甚至三手菸的危害！

除了法令政策的推動，董氏基金會更開啟藝人參與公益的風潮。由 1984 年加入志工、1989 年宣布成為終身義工的影帝孫越開啟先例，緊接著名模陳淑麗也加入了終身義工的行列，促使 30

年來先後有薛岳、李明依、周子寒、王中平、潘美辰、林志穎、伊能靜、朱德庸、王偉忠、朱延平、郝劭文、關芝琳、黃韻玲、庾澄慶、趙自強、張惠妹、成龍、李玟、蔡岳勳、虞小卉、蔡依林、S.H.E、宋達民、宋逸民、李璨、熊家婕、周杰倫、趙舜、林依晨、拿鐵、昆凌、蕭敬騰等令人尊敬的演藝界典範，不分世代的投入菸害防制志工行列，共同推動健康快樂的無菸臺灣。

　　董氏基金會為進一步促進全球華人共享健康資訊，2007 年架設了兩岸四地唯一繁簡體中文兼具的戒菸資訊平臺「華文戒菸網」（www.e-quit.org），提供最完整的菸害資訊、戒菸方法、法令政策、國際動向等，該網站在 2013 年一年已達 900 萬瀏覽人次，證明全世界華人對於戒菸資訊的迫切需求。此外，董氏基金會更主動結合兩岸四地的民間團體，成功創立菸害防制交流平台，讓全世界華人的控菸工作能夠透過緊密合作來匯聚力量，期盼全體華人都能免於菸品危害。

　　2002 年，當時基金會執行長葉金川引進國際每兩年舉辦一次的 Quit & Win「戒菸就贏比賽」，不但營造臺灣戒菸嘉年華的社會氛圍，過去六屆更成功鼓勵超過 14 萬名吸菸者報名戒菸，且一年後戒菸成功率竟高達三成五，讓臺灣戒菸就贏比賽成為「搶救生命大作戰」的最佳利器，聞名全世界。

　　在大家共同的努力下，臺灣吸菸人口已經從過去最高的 500 萬人下降到現今的 350 萬人，至少百萬個家庭因此更加的健康與圓滿；但董氏基金會並不以此為滿足，未來仍將義無反顧的為國人、為全體華人免於菸害而持續奮鬥，直到菸害成為人類的歷史陳跡！

第一階段 草創時期

- 1984 年 5 月 19 日,「董氏基金會」成立。
- 收集及翻譯國內外相關菸害防制資料。
- 邀集國內醫界、學界及環保人士共同參與。
- 孫越叔叔加入董氏基金會,公開呼籲「人人有權拒吸二手菸」!

人人有權拒吸二手菸。

於紐約時報刊登勿
讓友誼菸消雲散。

孫越、吳伯雄、陳淑麗三位終身義工。

第二階段 社會倡議

社會運動風起雲湧（1987 年～）

● 1987 年，臺灣開放洋菸進口、同時開放菸品廣告促銷。董氏結
合婦幼及環保等 21 個民間團體成立「中華民國拒菸聯盟」，
在「中美菸酒談判」期間持續進行「抗議輸出癌症和死亡」、
「歡迎美國產品、拒絕美國垃圾（菸品）」、「勿讓中美友誼
『菸』消雲散」之抗議行動。1989 年成立亞太地區拒菸協會後，
接連邀 WHO 顧問及泰國前衛生署署長等來臺為衛生署張博雅
署長加油打氣，支持臺灣政府抵抗跨國菸商的壓力、堅定菸害
防制的立場。

1988 年，董氏基金會成立戒菸俱樂部。

1990 年，抗議菸商違規促銷。

● 歷經六年十次的抗議陳情行動後，1992 年 4 月 8 日，「中華民國拒菸聯盟」成功地讓美國貿易談判代表回應：不會再以 301 法案要求臺灣政府開放菸品廣告促銷範疇！

● 1989 年，媒體的見證下，影帝孫越公開宣誓成為董氏基金會的「終身義工」，並強調今後「只見公益，不見孫越」，隨後名模陳淑麗亦加入「終身義工」行列，開啟臺灣藝人投身公益的風潮。

1990 年，發起十萬人拒菸簽名運動，抗議美國菸商施壓。

1991 年，抗議美國貿易代表團以 301 法案迫我開放菸品廣告促銷範圍。

● 以「中華民國拒菸聯盟」之名拜會各部會首長，推動政府機關率先禁菸。

● 向行政院院長郝柏村陳情，獲得當面允諾：「將停止軍中配菸」！ 1991 年，執行數十年的軍中配菸政策，終於走入歷史。

1991 年，義工上街頭宣導拒菸。

董氏基金會創辦人嚴道，向美國抗議其要臺灣開放洋菸進口及開放菸品廣告促銷。

NGO 相互扶持與資源共享（1989 年～）

- 1989 ～ 1990 年，協助進行募款及宣導，參與香港基督教晨曦會在臺灣成立、創辦戒毒村。

- 1991 年起，推動「尊重生命─器官捐贈」。首先在張博雅署長全力支持下，發行印製「行政院衛生署」字樣之器官捐贈同意卡，並邀請七大宗教領袖共同公開呼籲信眾支持，持續舉辦各項宣導活動，直至 1993 年「器官捐贈協會」正式成立，1995 年更推出國內第一套系列文宣，由孫越叔叔呼籲「我們全家都有一張卡，不是信用卡，不是健保卡，而是器官捐贈同意卡……」。

- 1992 ～ 1993 年，積極推廣「骨髓捐贈─尊重生命」理念，將社會大眾共八百多萬元支持骨髓捐贈的捐款，轉贈「慈濟醫院骨髓捐贈庫」。

召開器官捐贈尊重生命座談會。

鼓勵民眾器官捐贈。

第三階段 國際合作

- 1989 年，嚴道董事長主動結合六國反菸領袖在臺北成立「亞太地區拒菸協會」（簡稱 APACT），目的是結合亞太各國反菸領袖共同對抗國際菸草商之侵害，並吸取他國成功經驗，同時嚴道還出錢出力支援泰國政府成功拒絕美國開放菸品廣告的要求；對於嚴道董事長的大愛與貢獻，泰國國王特頒獎章。如今APACT 已成為頗具規模的國際組織，每三年舉行會員大會暨研討會，創辦人嚴道被譽為「亞太拒菸之父」。

- 1996 年，與美國癌症協會（簡稱 ACS）合作，由長榮航空及世界日報贊助。基金會林清麗主任帶團赴美國各大華阜據點進行菸害防制巡迴宣導。

1989 年，亞太地區拒菸協會成立。

- 1999 年，舉辦「亞太地區拒菸協會」十週年大會，共有來自19 個國家領袖齊聚臺北，針對亞太各國赴美進行跨國菸害訴訟求償的方式及可行性，做深入的討論。

- 2004 年，因國際公約「菸草控制框架公約」（簡稱 FCTC）生效，衛生署署長陳建仁積極促成，由董氏基金會舉辦亞太國際論壇，與亞太各國拒菸領袖共商：「如何促成亞太各國遵守國際『菸草控制框架公約』」之規範；2005 年 1 月，促成立法院五黨一致通過遵守 FCTC，臺灣成為全球第 51 個批准 FCTC 的國家。

1999 年，APACT 成立 10 周年大會上，各國代表合影。

1999 年，亞太拒菸協會 10 周年研討會上，左起陳紫郎教授、鄭光模主席、嚴道董事長合影。

● 2004 年 9 月，董氏基金會再挑亞太地區菸害防制工作大樑、榮
任 APACT 主席國；由董氏基金會資深顧問、美國杜蘭大學教
授暨 APACT 創會祕書長陳紫郎教授擔任主席。2007 年 10 月
在臺北召開「第八屆亞太地區拒菸大會」，共有 39 國、超過
400 位外賓來臺與會。

1999 年，嚴道董事長於
APACT 成立 10 周年紀
念會上重申，亞太各國團
結一致對抗跨國菸草公
司的決心。

2007 年，APACT 研討會現場。

第四階段 拒菸重點化

少年拒菸（1990 年～）

● 1990 年，36 歲的音樂工作者薛岳罹患癌症，在董氏基金會的
規劃下，以「如果還有明天」的盼望，提醒國人「尊重生命」
的重要。薛岳用生命的呼籲，為臺灣民間團體的公益廣告開啟
在電視臺可免費公益播放之大門。

- 1992 年，發行「拒菸身分證」，共超過二十萬名年輕人索取「拒菸身分證」，帶動「我？歲，我不吸菸」的風潮。

- 1992 年，林志穎、伊能靜、黃平洋、潘美辰等率 2500 位高中生齊聚中正紀念堂，共同拍攝公益廣告並大聲疾呼「向菸說不」！當時的總統李登輝先生、臺北市長黃大洲及教育部、衛生署長官皆親臨現場致意，表達對菸害防制的支持！

- 1993 年，鑒於美國某牌菸品以卡通造型人物代言及促銷，五年內該品牌青少年使用率自 1％成長為 33％，為此邀請漫畫家朱德庸義務設計公共場所拒菸代表「徐則林」先生，迎戰跨國菸草公司的廣告與行銷。

- 1994 年，當紅團體 LA Boyz 和徐則林共同宣誓拒菸，傳達「嘸呷菸，阮惬意」。

1992 年，發行「拒菸身分證」。

1991 年，藝人擔任拒菸義工，宣導「拒菸，不就是不」。

1992 年，林志穎、潘美辰、伊能靜、黃平洋等率 2500 位高中生齊聚中正紀念堂，高呼「向菸說不」，當時李登輝總統、教育部部長、衛生署副署長石曜堂及台北市市長黃大洲皆蒞臨支持打氣。

1994 年，當紅團體 LA Boyz 和徐則林共同宣誓拒菸，傳達「嘸呷菸，阮愜意」。

1996 年，宣導「正因為年輕，我選擇不一樣」拒菸行動。

在秀朗國小向師生宣導拒吸二手菸。

主題拒菸（1992 年～）

配合世界衛生組織（WHO）每年的菸害防制主軸

- 1992 年，5 月 31 日世界無菸日當天與救國團合作，於全臺 66 個公共場所同時發動簽名、支持「今天不吸菸」行動。

- 1993 年世界無菸日正式推出現代林則徐—「徐則林」公共場所禁菸代言。

- 1994 年為「媒體拒菸年」，首度全面性結合電視、報紙、雜誌及廣播等共 50 個媒體，聯合傳達媒體拒菸立場，響應 5 月 31 日世界無菸日。

1997 年，跨部會合作的「正因為年輕，我，選擇不一樣」。

● 1995 年為「女性拒菸年」

第一階段：朱延平導演親自操刀公益投入，由童星郝劭文扮孕婦造型，呼籲孕婦不吸菸且拒吸二手菸。

第二階段：結合媒體進行女性吸菸原因調查，舉辦女性拒吸二手菸座談，並邀懷孕中的黃韻玲率先呼籲。

第三階段：影星關之琳與老瓊設計的新女性拒菸代表「徐則琳」，聯合推出「健康新主張，拒吸二手菸」。

第四階段：結合 60 位孕婦，集體現身呼籲「拒吸二手菸」。

1995 年，黃韻玲等孕婦呼籲「為了下一代健康，拒吸二手菸」。

● 1996 年為「無菸體育及無菸藝文年」；由藝人庾澄慶與臺灣職
  籃選手共同推出「我運動，我不吸菸」及「我創作，我不吸菸」
  系列文宣；另邀請庾澄慶、陶晶瑩、王偉忠等 6 位名人同臺拍
  攝「拒菸之星對話集」；為臺灣第一部寓教於樂的公益拒菸宣
  導影片，分送各級學校與各大醫療院所。

1995 年，董氏基金會與健保局邀請 60 位孕婦，集體現身呼籲拒吸二手菸。

1995 年，由朱延平
導演公益操刀，透過
童星郝劭文呼籲孕
婦不吸菸且拒吸二
手菸。

1995 年，邀請影星關之琳與老瓊設計的新女性拒菸代表「徐則琳」，聯合呼籲「健康新主張，拒吸二手菸」。

1996 年，邀藝人庾澄慶與臺灣職籃選手共同呼籲「我運動，我不吸菸」。

1999 年，董氏基金會邀請趙自強代言提倡「健康新主張，戒菸當自強」。

47

重點禁菸規劃（1995 年～）

在室內公共及工作場所未達全面禁菸之前，每年規劃一目標率先全面禁菸。

● 1995 年，在交通部、內政部及衛生署共同支持見證下，發動各航空公司負責人公開宣誓及簽署禁菸協議，讓臺灣九大航空公司比國際民航組織之建議還提早一年率先全面禁菸。

● 1996 年，召集 12 家公民營汽車客運負責人，成功協議公車全面禁菸並共同成立檢舉專線。

● 1997 年，菸害防制法施行前，環保署與董氏基金會聯合舉辦「十大禁菸績優場所」選拔，彙整及展現各行業最佳的全面禁菸措施及執行配套方法。

● 1997 年，9 月 19 日「菸害防制法」實施前夕，結合當時總計4000 多家連鎖超商負責人公開簽署及宣示，主動大幅張貼「拒絕違法販售菸品」標示。

1995 年 5 月 31 日召開記者會，在交通部、內政部及衛生署共同支持見證下，發表臺灣九大航空公司航空器禁菸宣言。

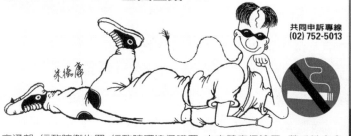

1996 年，成功協議公車全面禁菸。

1996 年，公車貼有「無菸公車，全面上路」的貼紙，提醒乘客全車禁菸。

十大禁菸績優場所表揚

1997 年，菸害防制法上路前，在六三禁菸節，表揚十大禁菸績優場所。

1997 年，結合 4000 多家連鎖超商負責人公開簽署及宣示：禁販菸品予未滿 18 歲者。

第五階段 政策與法案

相關法案及政策推動

- 早在 1988 年，董氏即以「菸害法草案書」向行政院建言：「政府應儘速立法、防制菸害」！即獲得行政院積極回應，成立菸害防制跨部會協調會報，進一步研擬菸害防制之立法與相關政策。

- 1991 年，行政院衛生署將「菸害防制法草案」送進立法院，從此董氏基金會為首的「中華民國拒菸聯盟」成為立法院請願及街頭運動的常客。歷經多年推動，1997 年 3 月 4 日「菸害防制法」終於三讀通過、9 月 19 日全面施行。董氏基金會從全力推動菸害防制立法的民間團體，成為監督執法者的角色。

1998 年，鼓勵學童擔任拒菸小尖兵，勇敢拒絕菸害。

- 1998 年，前健保局總經理葉金川擔任基金會執行長，結合醫療、社福、教育及婦幼等 173 個民間團體推動「開徵『菸品健康福利捐』至少十元」及「應部分專款專用於菸害防制及社會福利等」之立法；因菸商之運作與阻撓，直至 2000 年，立法院才三讀通過開徵五元菸品健康福利捐，其專款專用的菸害防制經費為 10％；2002 年 1 月 1 日「菸品健康福利捐」正式徵收。

- 1999 年，與不分黨派的立委合力，成功阻止臺灣菸酒公司針對年輕及女性族群設計的紅色心型 520「我愛妳」果香菸品上市。

- 2005 年 1 月，成功促請臺灣立法院通過批准國際「菸草控制框架公約」，臺灣成為第 51 個批准遵守公約之國家。

走上街頭，鼓勵全民支持菸害防制立法。

● 2005 年 3 月，董氏基金會董事長黃鎮台及執行長周逸衡聯手，再結合百餘團體籌組「臺灣拒菸聯盟」，提出「室內公共及工作場所全面禁菸」、「菸品再加徵 10 元健康福利捐」、「禁止菸品廣告促銷」、「規範菸品陳列」等修法。但當時政府竟決定分兩階段修法，即先推動增加菸捐後才要修訂菸害防制相關法規，加上政府棄守「室內公共及工作場所全面禁菸」，僅維持「室內公共場所需明顯區隔吸菸區與禁菸區」……，民間團體首波修法行動即以「行政院：要錢不要命～分兩階段修法並棄守室內禁菸」，開啟推動修法的艱辛之路。

1999 年，阻止臺灣菸酒公司推出 520「我愛妳」果香菸品戕害青少年。

推動菸品開徵健康福利捐，2000 年立法院三讀通過。

- 當年政府僅為「填補健保」考量，加上菸商的強力運作阻撓下，2006 年「菸害防制法修正案」仍滯留立院，但先通過衛生署主導的「菸酒稅法修正案」，即再加徵 5 元健康捐（「菸品健康福利捐」總計為 10 元），唯原本 10％專用於菸害防制的比例被降為 3％，造成衛生部門每年原編列近 10 億的菸害防制預算，立即降為 6 億，導致諸多原先執行的菸害防制計畫臨時腰斬或停擺。

- 爾後，財政部以為「捐」既然是專款專用、輔稅之不足，故順勢於修正「菸害防制法」時，將菸捐之課徵條文轉移至「菸害防制法」，由衛生單位管理，於 2009 年開始於「菸害防制法」中再加徵 10 元健康捐，至此，健康捐調整為每包 20 元，但菸稅卻從 1987 年至今未曾調升，目前每包菸品仍僅課徵 11.8 元菸稅。

葉金川、馬英九、孫越以菸害教具「吸菸小傻瓜」，為小朋友講解菸品危害。

菸害訴訟及政策參與（1998 年～）

- 「人人有權拒吸二手菸」從口號變成行動。1998 年，由林信和教授帶吳志揚律師聯手協助臺北市民吳先生一家向美籍航空公司提出二手菸害訴訟，此為亞洲首宗因二手菸害求償之司法案件，雖僅達成六萬多元的損害賠償，但促成西北航空緊急宣布全球航線禁菸，且臺灣最高法院亦判定「人有不被菸薰之權利」。

- 鑑於美國境內接二連三成功的菸害訴訟，1999 年以召開 APACT 十週年大會為名，特邀美國律師團針對亞太各國赴美進行跨國菸害訴訟求償的方式及可行性，做深入的探討。2001 年，建立平臺並力促各縣市政府，有權赴美向跨國草菸公司進行菸害求償行動。

- 2002 年 1 月 1 日，臺灣開始徵收「菸品健康福利捐」並部分專款於菸害防制之前，葉金川執行長帶領董氏基金會同仁並結合

1998 年，董氏基金會邀林信和教授及吳志揚律師聯手協助臺北市民吳先生一家向美籍航空公司提出二手菸害訴訟，此為亞洲首宗因二手菸害求償之司法案件。

學者專家擬訂首部「臺灣五年菸害防制建議書」，建議設置「戒菸門診」、「0800-63-63-63 戒菸專線」及「菸害申訴服務中心 0800-531-531」，均成為臺灣重要的菸害防制措施。

● 2003～2005 年，成立並執行「衛生署國民健康局菸害申訴服務中心」，服務目標為幫助民眾解決二手菸害問題、協助地方衛生主管機關執行並落實菸害防制法、主動蒐證菸商違規菸品廣告及促銷等，執行期間共接獲 2,700 多件民眾的菸害申訴及諮詢。為維持民間團體的自主性，該中心已交由更適當機構承攬業務，2006 年起，董氏基金會服務重點為：全力幫助民眾解決二手菸害問題！ 2013 年，民眾主動向董氏基金會求助之菸害申訴超過一千件。

2001 年，建立平臺並力促各縣市政府，有權赴美向跨國草菸公司進行菸害求償行動。

● 2005 年，繼推動臺灣立法院通過批准「菸草控制框架公約」
（FCTC）後，隨即結合 115 個民間團體籌組「臺灣拒菸聯盟」，
依 FCTC 規範、推動菸害防制修法；2007 年 6 月 15 日菸害防
制法三讀通過。

2000 年，邀請藝人張惠妹擔任
拒菸大使，呼籲「對菸說不」。

2003～2005 年，在當時衛生
署國民健康局支持下，成立並
執行「菸害申訴服務中心」，
幫助民眾解決二手菸害問題。
當時邀請藝人周渝民（仔仔）
擔任義工宣傳菸害申訴專線。

第六階段 21 世紀的菸害防制計畫

主動出擊的戒菸計畫

參與兩年一次的國際 Quit & Win 戒菸就贏比賽

● 2001 年，成龍擔任國際拒菸大使，在臺灣、美國、香港、日本
  及澳洲同步公開呼籲「不吸菸—大自由」；由衛生署署長李明
  亮擔任董氏基金會最高顧問，7 月 25 日與成龍出席美國癌症協
  會（ACS）在紐約召開的國際記者會。

● 2002 年，臺灣首度加入國際 Quit & Win「戒菸就贏」比賽，以
  「不抽菸、來抽 60 萬」活動，吸引臺灣 23,096 組吸菸者報名
  參加、決志戒菸，首創戒菸一年成功率 35％的佳績。

● 2003 年，李玟擔任國際拒菸大使，推出「CoCo 戒菸有氧運
  動」，陪伴菸槍度過菸癮難耐。

2001 年，邀請成龍擔任國際拒菸大使，呼籲「不吸菸—大自由」。

- 2004 年，以名導演蔡岳勳的戒菸故事及一家人的投入參與，2004 Quit & Win 以「不抽菸、全家來抽 60 萬」為號召，吸引 30,967 吸菸者家庭參加；而臺灣最高獎金 60 萬得獎者，再獲國際貳獎—美金 2,500 元獎勵。

- 2004 年，邀集臺灣 192 萬國小學童成為「拒菸小尖兵」、搭配卡通主角阿皮（A-Pi），共同推動「我家不吸菸運動」！

- 2005 年，與臺灣所有醫學中心及教學醫院合作，共超過 10 萬名醫療行政人員佩帶勸人戒菸標章，並結合國內 11 家電視新聞臺主播們，5 月 31 日世界無菸日當天佩帶標章並宣導防制菸害。

- 2006 年，「戒菸就贏比賽」，因未獲得衛生部門的資助，改採純民間舉辦及募款，仍以「不抽菸、全家來抽 60 萬」為號召，且鎖定 2,656 所國小學童積極擔任不吸菸見證人、鼓勵家人戒菸，最後在經費、人力與資源均減半的窘境下，仍幫助超過 17,000 組吸菸者家庭報名戒菸。

2004 年，邀請名導演蔡岳勳全家及衛生部門一同投入 2004 年 Quit & Win「戒菸就贏」宣傳，共吸引 30,967 吸菸者家庭參賽戒菸。

● 2007 年，WHO 將該年定為「室內環境全面禁菸」年，孫越肺癌手術後才休息 3 個月，5 月起即現身呼籲國人「拒絕二手菸害、支持室內公共場所全面禁菸」，同時也「請求立委幫幫忙，儘速通過無菸環境菸害防制修法」！讓當時在立院已停滯不前的菸害防制法修正案，6 月 15 日便三讀通過。

● 2008 年，「戒菸就贏比賽」邀請小天后蔡依林 Jolin，以可愛的鄰家女孩現身呼籲，在各縣市衛生局所、醫療院所、社區藥局、交通部、警政署等通路協助宣傳，許多民間企業也在公司高層支持、提供戒菸專業協助與戒菸成功的獎勵下，共有 18,741 名癮君子報名參賽戒菸。

● 2008 年 7 月，因應半年後菸害防制新法上路，再邀亞洲小天后 Jolin 蔡依林擔任義工，推出「無菸場所、最有態度」系列宣導，

2004 年，舉辦「無菸家庭，戒菸就贏」比賽，林熙蕾亦擔任親友見證人，報名戒菸就贏比賽。

提醒臺灣超過百萬家立案之公司行號，積極對員工宣導，讓無菸環境新制得以落實。

● 2008 年 10 月，衛生署署長葉金川強調政府執行無菸環境的決心，率終身義工孫越及陳淑麗呼籲國人守法，提醒國人菸害防制新法即將上路。

● 2008 年 12 月，因應 2009 年 1 月 11 日「菸害防制法」新法上路，邀請 S.H.E 擔任拒菸大使、參與「2009 年無菸臺灣，全民總動員」行動，與行政院院長劉兆玄帶領全民：「無菸臺灣─ Yes, We Can ！」

2006 年，促請政府針對「室內公共場所全面禁菸」進行菸害防制修法。

- 2009 年 1 月，新法上路前，馬英九總統在元旦致詞、接待外賓及三日公開行程，皆配帶基金會製作之「無菸臺灣— Yes, We Can ！」胸章；且台灣大車隊 6000 部計程車全張貼標誌，宣傳無菸臺灣— Yes, We Can ！

- 2009 年 6 月，「菸害防制法」新法上路之初，因執法的混亂造成部分媒體誤報及民眾不滿，特邀林依晨擔任義工，以「謝謝您～室內不吸菸」向所有守法的癮君子們致謝！

2006 年，孫越鼓勵民眾參與 Quit & Win 「愛家，戒菸就贏」比賽。

2007 年 6 月底，召開「無菸健康 FUN 暑假」記者會，提醒學童暑假仍要防菸害。

- 2010 年，蔡依林 Jolin 以「搶救生命大作戰」的呼喚，再度擔任義工推廣 2010 年「戒菸就贏比賽」，透過全國 400 個衛生局所、千個醫療院所、公務機關、社區鄉里及公司行號等共 6000 個通路協助宣傳，加上公益媒體、國小學童及台灣大車隊的總動員，讓臺灣民眾享受「積極助人戒菸」的社會氛圍，共吸引 25,405 名癮君子報名戒菸。

- 法務部曾勇夫部長、矯正署吳憲璋署長鼓勵吸菸率高達 92％的收容人參加「戒菸就贏」比賽，2010 年起，特例讓收容人人手一份戒菸傳單暨報名表，並由董氏基金會提供收容人專屬特別獎項，凡成功戒菸且抽到獎金組，可齊聚一監所並由部長親自頒獎。兩年一次的戒菸就贏比賽，成為法務部鼓勵與獎勵收容人的固定活動。

- 2010 年 11 月，亞洲天王周杰倫應富邦文教基金會及董氏基金會之邀請，與 87 歲的阿嬤拍攝拒菸廣告，在教育部、行政院

2007 年 11 月，召開記者會提醒臺灣菸品容器應比造國外印製大幅警示圖文。

衛生署國民健康局的大力支持下，深入全國 4,032 個學校，鼓勵全國 460 萬青年學子「不吸菸，做自己」，全面迎戰國內日益嚴重的青少年吸菸問題！

● 2011 年 10 月，82 歲深受 COPD 所苦、對 COPD 防制宣導有強烈使命感的孫越親自披掛上陣，展開「遠離 COPD、戒菸救健康」宣導，透過公益廣告真情告白，希望中老年老菸槍，正視 COPD 的危害，及早戒菸拒菸救健康。

2008 年 7 月，因應半年後菸害防制新法上路，再邀亞洲小天后 Jolin 蔡依林擔任義工，推出「無菸場所、最有態度」系列宣導，提醒公司行號積極對員工宣導，讓無菸環境新制得以落實。

2008 年 7 月，邀亞洲小天后 Jolin 蔡依林擔任義工，推出「無菸場所、最有態度」系列宣導。

2010 年，Jolin 蔡依林擊鼓振奮人心，鼓勵大家搶救生命大作戰，勇於報名戒菸就贏比賽。

● 2012 年，由林依晨及許豪恩擔任義工，呼籲不吸菸者擔任「拒菸天使」見證吸菸的親友戒菸。更鼓勵監所收容人及職業駕駛等重點吸菸族群報名參賽、並首次結合行動二維條碼，便於民眾透過智慧型手機上網功能了解更多活動資訊。「2012 年戒菸就贏比賽」共有 31,067 名癮君子報名戒菸，創下報名新紀錄！

2007 年，台灣拒菸聯盟舉辦感恩記者會，感謝政府完成「菸害防制法」修訂。

2008 年，邀請星光三班藝人呼籲台灣青年參與國際拒菸連署。

- 2013 年，面對居高不下的青少年吸菸率，基金會主動結合衛生及教育部門前進校園，邀請成長過程經歷迷惘、挫折，曾十年菸齡、戒菸六年的蕭敬騰，拍攝「拒一口菸、爭一口氣」系列公益廣告，在 4,050 所學校內設置人型立牌、海報與傳單，並在學校外牆拉起大型布條，讓全國 440 萬青年學子感受「拒菸—我做主」。

- 2014 年，繼深入校園與青年學子高呼「拒菸我做主」後，蕭敬騰著劍道服以「敬在勇氣」呼籲老菸槍戒菸；並帶著曾 40 年菸齡、一天五包菸的蕭爸爸戒菸分享，鼓勵老菸槍說戒就戒、報名戒菸就贏比賽。

2008 年 12 月，董氏基金會邀請 S.H.E 擔任拒菸大使，參與「2009 年無菸臺灣，全民總動員」行動，與行政院院長劉兆玄共同呼籲：無菸臺灣— Yes, We Can！

2008 年 12 月，董氏基金會邀請 S.H.E 擔任拒菸大使，參與「2009 年無菸臺灣，全民總動員」行動，與行政院院長劉兆玄共同呼籲：無菸臺灣 — Yes, We Can！

2009 年 1 月，邀請宋逸民、宋達民夫婦當義工，與衛生署長葉金川一起歡喜迎接無菸臺灣的到來！

2009 年 1 月，董氏基金會號召台灣大車隊 6000 部計程車全張貼標誌，宣傳無菸臺灣— Yes, We Can！

2009 年，當時衛生署署長葉金川與終身義工孫越、陳淑麗，聯手呼籲「無菸臺灣 yes we can」。

2009 年 1 月，馬英九總統在元旦致詞、接待外賓及三日公開行程，皆配帶董氏基金會製作之「無菸臺灣 — Yes, We Can！」胸章。

2009 年 6 月，邀林依晨擔任義工，以「謝謝您～室內不吸菸」向所有守法的癮君子們致謝！

2010 年 11 月，亞洲天王周杰倫與 87 歲的阿嬤拍攝拒菸廣告，鼓勵全國 460 萬青年學子「不吸菸，做自己」！

2010 年 12 月，義工孫越、李明依邀請青年學子響應周杰倫「不吸菸，做自己」行動！

2011 年，周杰倫「做自己，我挺你」網路專區。

2010 年 7 月，義工李明依母子與各大通路業者共同呼
籲「愛我們的孩子，請您拒絕違法販售菸品」。

董氏基金會終身義工孫越及陳淑麗。

2010 年 4 月，鼓勵民眾
參與「戒菸就贏」比賽，
戒菸發發發。

2010 年，終身義工孫越、陳淑麗及義工李明依、李珊，上街頭催票，
鼓勵吸菸者把握最後幾天，趕緊報名戒菸就贏比賽。

2011 年，213 個團體於 531 世界無菸日成立臺灣拒菸聯盟。

2012 年，（左起）義工陳淑麗、矯正署署長吳憲璋、義工
孫越、法務部部長曾勇夫、衛生署署長邱文達、國民健康
局局長邱淑媞，共同鼓勵收容人參與「戒菸就贏」活動。

2012 年，李璦夫婦走上街頭，
鼓勵民眾「戒菸就贏」。

2013 年，孫越與曾十年菸齡、戒菸六年的蕭敬騰，共同鼓勵
青年學子「拒一口菸、爭一口氣」。

2013 年，蕭敬騰「拒一口菸，爭一口
氣」網路專區。

民間團體的定位與倡議

● 2006 年起，董氏基金會服務重點為：全力幫助民眾解決二手菸害問題！2013 年，請基金會協助解決菸害之申訴超過一千件。

● 為有效降低青少年吸菸及國內菸品消費量，臺灣國際醫學聯盟、臺灣醫界菸害防制聯盟、主婦聯盟環境保護基金會、消費者文教基金會及董氏基金會等民間團體自 2010 年起持續推動符合 WHO「菸草控制框架公約」規範的修法，主要目標為：1. 室內公共及工作場所 100％禁菸，同時應擴大稽查機制，且場所負責人未依法勸阻與違法吸菸者應負相同責任。2. 菸品容器印製大幅警示圖文（80％），同時禁止菸品陳列。3. 禁止菸草業進行任何形式之廣告、促銷及贊助，且加重菸草公司違規處分。4. 禁止加味菸；依法管制電子菸。5. 每包菸增加菸稅 20 元；免稅菸品徵收菸捐。

2005 年，百大 NGO 成立「臺灣拒菸聯盟」，呼籲禁止任何人為錢傷人命、阻礙菸害防制修法。

2005 年，第一份菸害防制修法民意調查出爐，NGO 促請菸品容器印製大幅警示圖文。

2005 年，「台灣拒菸聯盟」於世界無菸日前夕，哀悼菸商成功進駐立法院，兒童、青少年的健康遭到扼殺。

2006 年，前衛生署署長陳建仁（右二）、李明亮（右三），齊聲籲請立法院通過修法。

2011 年，213 個民間團體成立「台灣拒菸聯盟」，推動可以預防疾病、拯救生命的「菸害防制法」修正草案。

2011 年，為 COPD 所苦的孫越，疾聲呼籲「遠離 COPD、戒菸救健康」。

2011 年，臨盆孕婦及立法委員江玲君、田秋堇、丁守中，為菸害防制法催生。

2012 年，鼓勵民眾運用戒菸菜單、成功戒菸。

2012 年，呼籲嚴懲菸商違規廣告，促請禁止菸品陳列。

2012 年，趙舜以親身慘痛經驗拍攝「抽掉人生」網路短片，鼓勵老菸槍及早戒菸。

2012 年，台灣大車隊百名吸菸運將齊聚，做出「愛的決定」～報名「戒菸就贏」，李璦現身提供運將戒菸成功撇步。

2013 年，不讓青少年陷於菸品誘惑，請求菸害防制全面性修法。

2013 年，民間團體首次彙整推薦全臺 166 個無菸旅遊景點，鼓勵九天年假，全家健康趴趴走。

2013 年，陳淑麗、李明依鼓勵民眾九天年假選擇無菸景點，全家健康趴趴走。

2013 年，蕭敬騰帶隊前進無菸校園，與淡江籃球隊公益 PK 賽，帶領現場千名學生高呼「拒菸，我做主」。

2013 年，國內教師、大學生團體聯合國際公衛團體，請求立法委員提案依循 WHO「菸草控制框架公約」，進行菸害防制全面修法。

2013 年，最夯的「節能減碳」法—戒菸＋助人戒菸！

2013 年，世界無菸日菸害防制主軸為「禁止菸草產業廣告促銷及贊助」，民間團體呼籲政府進行符合 FCTC 的全面性修法。

2013 年，陳淑麗、趙舜、李明依、李璿聯手新春拜年，公開獻計讓民眾開工後仍不怕菸友誘惑，持續不吸菸！

2013 年，健康達人陳淑麗教大家「抗菸癮、瘦小腹」，成功擺脫「大腹翁」。

建立兩岸四地菸害防制聯手機制

- 2007 年的「六三禁菸節」，董氏基金會建置推出「華文戒菸網」，提供全球 15 億華人最完善的菸害資訊與戒菸服務，期盼透過網路無遠弗屆的優勢，同年 10 月推出簡體版網站，幫助全球超過 3.5 億的吸菸華人戒菸。

- 在董氏基金會周逸衡執行長的積極運作下，成立兩岸四地菸害防制交流委員會，並於 2007 年 10 月在臺北舉辦「第一屆兩岸四地菸害防制交流研討會」，期盼真正建立起兩岸四地菸害防制的交流機制與學習平臺；2008 年起，將由大陸、香港、澳門，每年輪流主辦，讓香港「室內公共及工作場所全面禁菸」的立法與執行，還有董氏基金會多年的菸害防制經驗，在大中華地區有更多的交流與助益。

- 2011 年，第五屆兩岸四地菸害防制交流研討在臺北舉辦。

2007 年，於臺北舉辦第一屆「兩岸四地菸害防制交流研討會」，並推出簡體版的「華文戒菸網」，幫助全球超過 3.5 億的吸菸華人戒菸。

2011 年，第五屆兩岸四地菸害防制交流研討在臺北舉辦。

● 2013 年於日本千葉市召開第十屆「亞太地區吸菸或健康研討會」（APACT），共有 42 個國家 780 人報名參加。大會開幕式後緊接著就是「嚴道博士紀念獎座」，由姚思遠執行長擔任主持人，大會祕書長 Miyazaki 進行 20 分鐘的專題報告，介紹創辦董氏基金會及 APACT 的嚴道董事長；閉幕式交接前，陳紫郎教授 10 分鐘的致詞內容亦多次緬懷感佩嚴道董事長對臺灣及亞洲的貢獻。

2011 年，於兩岸四地菸害防制交流研討會上，無喉者共同呼籲「兩岸四地共創無菸環境」。

2011 年，第五屆兩岸四地菸害防制貢獻獎得主。

2011 年，孫越叔叔當年首次的公開專題演講─「往事如煙」。

2011 年，經歷三次中風的藝人趙舜，現身兩岸四地研討會會場，當面向孫越致意！

菸害防制組未來展望

　　董氏基金會以一個純粹的民間團體，在菸害防制工作上耕耘30年，靠著志工的投入、媒體的協助、大眾的支持，加上基金會無畏菸商、堅持公義與努力不懈，一步一腳印締造臺灣菸害防制的公益軌跡。

　　現階段除透過國際發達的資訊、亞太地區拒菸協會、兩岸四地交流機制，加入與串聯各國力量、相互扶持對抗菸商侵害，最重要的是依循WHO「菸草控制框架公約」規範，促成臺灣修正符合國際公約的「菸害防制」相關法令，持續推動百分百的無菸室內環境、全面禁止菸草產業的廣告促銷及贊助、提高菸稅、禁止菸品陳列及菸品容器印製大幅警示圖文等修法。

　　面對國內仍居高不下的青少年吸菸率，我們需要能持續兼納「校園宣導」及「社會傳播」同步執行的青年控菸計劃。2011年透過周杰倫創作「不吸菸、我挺你」系列文宣，直接深入全國校園並同時進行社會宣導，讓全國440萬青年學子，白天身處名人都拒菸的校園環境，離開學校後也能在電腦網路、街頭坊間、報章雜誌、電視及廣播等看到聽到同樣的信念與鼓勵。2013年，進一步邀請戒除十年菸癮的蕭敬騰，以「拒一口菸，就是爭一口氣」深入校園，與青年學子對話。

　　推廣兩岸四地唯一繁簡體中文兼具的戒菸資訊平臺「華文戒菸網」（www.e-quit.org），建立最完整的名人拒菸、戒菸方法、菸害資訊、法令政策、國際動向等，將開發拒菸新策略、積極經營社群網絡，建立即時的資訊傳播，全力與無所不在的菸商的行銷贊助抗衡。

　　擴大舉辦國際公認可以幫助最多人戒菸的「戒菸就贏比賽」，積極營造歡樂的戒菸氛圍，鼓勵吸菸者勇於戒菸、不吸菸者樂於助人戒菸，並進一步推廣到所有華人社會。

　　持續協助臺灣民眾解決二手菸害的問題、為吸菸受害者與家屬爭取權利，同時，不會放棄透過法律訴訟追究菸商責任。當然，無懼菸商財勢，將救人命的控菸工作，提升成為兩岸四地華人社會並肩前進的重點工作，是我們義無反顧的使命。

　　以全球超過 6 萬份的菸害研究為後盾，董氏基金會全體專職及志工人員，必持續全力推動各項限菸、禁菸的活動與立法，致力於第二個 30 年結束前，達成「無菸臺灣」確保國人沒有菸品危害的終極目標。

2002 年，第一屆戒菸就贏比賽，鼓勵吸菸者用戒菸有氧運動戰勝菸癮。

2004 年，第二屆戒菸就贏比賽，公開檢測暨呼籲吸菸與貧窮記者會。

2010 年，第五屆戒菸就贏比賽，馬英九總統與孫叔叔聯手鼓勵吸菸者嘗試戒菸。

2011 年，木柵高工春暉社參與宣導「全民力挺無菸環境，從動物園做起」。

2012 年，臺北市衛生局邀請義工許豪恩（拿鐵）、孫越、陳淑麗、李明依，進入校園與國小學童一起宣誓成為「拒菸小天使」。

2012 年，林依晨、拿鐵宣導「助人戒菸為快樂之本」！

2010 年，戒菸就贏比賽，首獎得組。

2010 年，第五屆戒菸就贏比賽，法務部部長曾勇夫登高一呼，鼓勵收容人嘗試戒菸。

2010 年，法務部「迎向光明 戒菸就贏」收容人頒獎典禮。

2012 年，國小學童一起宣誓成為「拒菸小天使」，助人戒菸為快樂之本！

2013 年，國民健康署與學前教育署聯手邀請蕭敬騰拍攝製作「拒一口菸，就是爭一口氣」系列文宣，進行社會及校園全面性宣導。

2013 年，昆凌擔任義工，進入臺北市國小校園，推廣「助人戒菸，把愛傳出去」。

2014 年，第七屆戒菸就贏比賽，桃園縣縣長吳志揚宣布全力動員，至少幫助 5000 個家庭戒菸。

2014 年,「臺灣戒菸就贏之父」葉金川率「臺灣癌友單車運動協會」的癌友們,從臺北到桃園把愛傳出去,鼓勵民眾為自己、為家人報名「戒菸就贏」比賽!

2014 年,第七屆戒菸就贏比賽,法務部部長羅瑩雪登高一呼,鼓勵收容人嘗試戒菸。

2014 年,戒菸就贏比賽報名網頁。

無菸臺灣， Yes, we can ！

文／林清麗（董氏基金會菸害防制組主任）

　　30 歲的董氏基金會，有我最年輕的青春歲月，雖然沒能如願蛻變為人妻及人母，但感謝親愛家人的支持，讓我可全心投入所愛的拒菸工作，在工作與生活緊密結合的步調中，繼續前進！

　　回想在基金會的 27 個年頭，腦海裡第一個浮現的就是嚴道董事長中午帶著各式食物、為我們分配飯菜的畫面；因擔心我工作太晚又知道我愛吃，總是為我打包東西讓我晚上不會餓著肚子；為了教導我正確的西餐禮儀，還像慈父、老師般帶我去吃牛排……，理所當然的，董氏基金會不只是我工作的場域，而是我第二個成長的家。因著這樣特殊的情感，基金會的前 30 年，我「深陷其中、難以自拔」，而下一個 30 年，我也已經準備好，必「風雨同度、不離不棄」！

　　27 年前，憑藉一股熱誠與傻勁，一畢業就跟隨基金會的嚴道董事長展開了「拒吸二手菸」的運動。在那個年代，餐廳、辦公室、飛機上都可以吸菸，甚至在南北通勤五小時的國光號客運車內吸菸也很正常，一旦向吸菸者客氣低聲說：「抱歉！這是個密閉空間，麻煩您下車再吸菸」，除了會遭一頓白眼，被激動飆罵也不足為奇。那時，推動拒菸運動的董氏基金會被部分人士視為偏激，遭受突來的辱罵、冷嘲熱諷或電話威脅都是我們成長經歷的一部

分，嚴董事長就被怒指為「共產黨」，跟在一旁的我則被斥責為「紅衛兵」，在嚴董事長過世後，我們遭批罵的名詞則「晉升」為「法西斯」。

回顧這一路從推動菸害防制立法、開徵菸品健康福利捐，促請菸害訴訟、到推動無菸環境、禁止菸品廣告促銷、菸品容器健康警示圖文、菸害防制之修法，以及現在朝向符合 WHO「菸草控制框架公約」再修法的過程，感覺頗崎嶇、也挺漫長，過程中面對來自四面八方的壓力與攻訐，無怨無悔支持付出的長輩們是最大的支柱！

七八十歲德高望重的嚴道董事長，在每一次記者會時，總要將自己的位子安排在旁邊，用最謙恭的方式來感謝所有的參與者。他身體力行教導我們，在凝聚大家力量的過程中，必須充分的尊重與成全。猶記 1996 年推動菸害防制立法最激烈的那一年，嚴董事長因癌症在美國治療三個月，卻仍心繫修法，抱病以越洋電話每天指導我們找人請託、說明，以邀請更多人共同支持菸害防制的立法工作。

當時頂著金馬獎影帝光環，卻宣示要投入社會公益的孫越叔叔，也追隨嚴董事長投入臺灣的拒菸工作。1989 年，更進一步以「只見公益、不見孫越」宣布成為終身義工；2007 年 1 月孫叔叔肺癌手術出院後，抱著還很虛弱的身子，請託立法委員盡速通過「室內公共及工作場所全面禁菸」修法，才突破擱置立法院多時的修法程序，「菸害防制法」6 月 15 日得以三讀通過。

對嚴董事長及孫叔叔而言，讓臺灣人民免於菸害、堅持做對

的事，比他們的健康都還要重要。

　　1991 年，當政府受到美國的壓力要求開放菸品廣告時，基金會極力防阻，接連對政府嚴詞抨擊，當時衛生署署長張博雅竟多次親自來電，感謝基金會為守護臺灣人民健康、願意扮演黑臉；1998 年，立法院財政委員會審查菸品開徵健康福利捐時，不但有立法委員用手打回終身義工陳淑麗遞上的說帖，還有立委指控孫叔叔私下拿洋菸商的好處……，氣得孫叔叔忍不住激動大聲回斥：「委員，您怎可以如此的羞辱人呢？」1999 年，因阻止菸酒公賣局為青少年所開發紅色心型果香口味的菸品上市，遭到公賣局工會的威脅，甚至集體到基金會抗議，當時，林信和教授連夜鼎力相助撰寫「給公賣局之曉以大義信」直到凌晨，送我回家時，林老師的切切叮嚀與加油打氣，至今仍深受感動；2005 年底，因菸害防制修法在立法院進入二讀協商，終身義工陳淑麗及我到立法院送請託書，一早先被某立委大罵、緊接著又被辦公室主任轟走，就連形象良好的立委不少人也以「太敏感」頻頻閃躲，更因為菸商的扭曲誤導，讓我們在立法院處處被趕。這樣的場景雖在意料之中，但是一整天滿滿的拒絕與驅趕、扭曲與攻訐，即使媒體給了冬陽般的溫暖，還是讓我忍不住當場軟弱地痛哭失聲……，當時的那份悲傷與一旁陳姐仍舊屹立的堅強，我至今沒齒難忘。

　　每一幕的過往都鮮明如昨，這些令人感動的種種，將一路的辛苦妝點得豐實美麗。有人對我經歷長年征戰仍堅守崗位，慷慨地給了很多的回饋與鼓勵，但事實上，這一路以來，若非長輩、朋友及同事們全力的支持與陪伴，我何能有幸成為臺灣菸害防制

第一個 30 年的堅守者？

　　大公無私、出錢出力的嚴董事長，熱心奉獻、並肩努力至今的陳姊，永遠溫暖鼓勵、隨時挺身的孫叔叔，還有總是支持協助的專家學者與長輩們，以及盡心盡力的義工與任勞任怨的年輕同仁們，加上媒體朋友與知名藝人的情義力挺，才讓臺灣菸害防制的工作，一路從社會倡議、教育宣導、媒體傳播到立法修法、禁止菸品廣告促銷、以價制量—增加菸品稅捐等等，漸漸創造出較為健康清新的生活空間。而臺灣歷經 30 年的拒菸努力，其成果不僅是臺灣民眾之福，同時也令國際刮目相看，並開啟國際間拒菸工作的密切交流。

　　即便如此，30 年後的今日，我們仍在健康公義與現實環境中拉鋸，拒菸工作瞬息萬變及面對惡意扭曲攻訐時的疲於奔命，使我在辦公室裡挑燈夜戰已成常態，控菸工作確實早已成為我的生活。回首過往，向上帝獻上我滿滿的感謝，讓基金會可以度過一關又一關，一步又一步的向前推進！展望未來，請給我們更多的指導與鞭策，一起朝下一個 30 年邁進，迎接無菸臺灣的到來！

【第三部】 全方位的健康關懷
食品營養篇

營養教育先鋒
為國人打造健康飲食大環境

　　飲食是健康的基礎，飲食不當對健康的影響並非立即性，而是長時間累積後對生理所造成的巨大影響，如常見的肥胖、超過1/3的慢性病其實都與飲食不當有關。有鑑於此，食品營養組自許為營養教育先鋒，自1984年起便致力推廣國人「吃得健康、吃得安全、吃得營養、吃得環保」觀念，從民眾需求與社會動態觀察與收集資訊，發現問題後擬訂宣導主題與切入點，透過宣導活動、

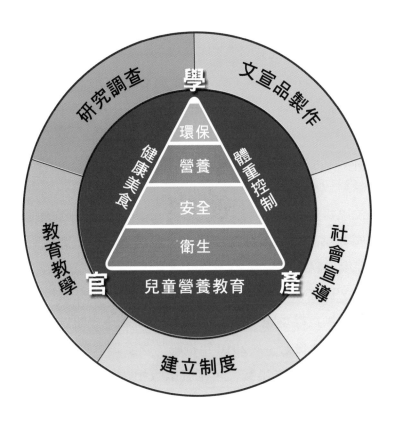

教育課程、推動政策等工作，發揮食品營養之專業，並結合產官
學各界力量，進行各項飲食議題之宣導教育工作。

　　董氏基金會食品營養組是臺灣第一個辦理減肥班的單位，早在
1986 年便陸續開設「成人減肥比賽」、「兒童減肥班」、「親子
減肥營」、「增重班」等，獲得廣大迴響；而在多年宣導教育過程
中，我們發現兒童是飲食培養的關鍵期，從小養成良好飲食與生活
習慣有助於奠定一生健康的基礎，不良的習慣除了影響學習力，更
會增加未來罹患慢性病的風險、甚至提早慢性病發生年齡，而「給
他魚，不如給他釣竿」，因此自 1990 年起，積極投入兒童營養教
育扎根計畫，發展「飲食紅黃綠燈」定性宣導概念。

　　為培養孩子的好習慣，食品營養組首先於 1994 年推動「體內環保—喝白開水運動」，並分別推動臺北市 1996 年公布「臺北市各級學校員生社辦理販售食品作業程序」、教育部 2005 年正式發布「校園飲品及點心販售範圍」，規範中小學校供應的點心品質，讓含糖飲料以及不健康的零食退出校園，每年並訪視輔導 100 所中小學校以督促落實；除此之外，更自 2004 年起，透過推動幼兒園所供應餐點品質納入評鑑項目中，並透過相關研究調查發表，改善幼兒園餐點品質。

　　之後，更深耕於校園營養教育工作，期建立兒童均衡飲食觀念。為了聚焦宣導主題，分別於 1997 年推動「多吃蔬果」、2005年推動「每天 2 份奶」、2010 年推動「吃全穀，健康 so good」、2012 年推動「天天吃早餐」，開發出版相關教材和文宣品超過百款，同時透過生動有趣之方式，每年至少辦理 250 場以上校園宣導、師資培育、專業人員研習等各式活動，以落實兒童營養教育扎根行動；同時，家長也是影響孩子行為的重要因素，因此食品營養組自 2010 年起針對師長努力推廣正確飲食教養觀念。

　　而為使國人重視飲食營養議題，1996 年起發起「飲食環保—珍食行動」推動重質適量與點菜不過量、「每天 3 份蔬菜 2 份水果」鼓勵多吃蔬果，導正不良飲食習慣，此外，食品營養組自 2009 年起推廣「防治高血壓—得舒飲食」，過程中發現產官學界對於「全穀類」之定義與標示原則不夠明確，因此自 2010 年起推動「全穀飲食」。

　　而在各式的廣告行銷環境中，食品營養組於 2000 年起將「澄

清食品真相」、「認識食品標示與營養標示」、「重視食品安全」
等議題列入宣導主軸中，近年來由於食品問題頻傳，更希望能推
廣「健康風險管理—從均衡飲食做起」。透過揭開各種迷思如：
加味水、速食、零食、優酪乳、乳粉等，同時透過系列記者會，
協助民眾建立有智慧的飲食觀，並從身材、減肥等議題進行分析，
召開如：美容業者十大伎倆、體型意識、十大黑心減重行銷伎倆
等記者會。

　　食品營養組除了對國人飲食進行調查研究發表外，更促請政
府相關主管機關制訂政策、建立制度，致力於整體飲食環境的改
善，推動廠商提供更健康的食品，使國人能確實於生活中實踐健
康的飲食型態，達到建構整體健康飲食大環境的大目標。

健康吃·快樂動

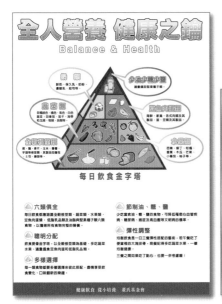

「全人營養 健康之鑰」海報。　　　　「這是你的飲食金字塔嗎？」海報。

首開國人體重控制風氣
宣導國人正確體位觀念

　　為降低肥胖造成慢性病之罹患率，食品營養組於 1986 年首開國人減重風氣，於 1986 ～ 1993 年間辦理成人「減肥比賽」體重控制活動 25 梯次、「一人減肥，全家受益」親子減肥營 7 梯次，總計超過 3000 人受惠。2004 ～ 2005 年辦理「決定在我─挑戰健康威脅指數」成人減肥比賽，計 2860 人參加，其中包含 19 家企業，期望營造健康體重控制的職場與社會環境。2009 年～至今，受教育部委託輔導臺灣中小學校辦理體重控制團體、協助學校執行健康體位工作。

　　所有活動設計均以改善生活型態為主，透過生動有趣活動，輔以積極的態度及群體關係，以鼓勵國人接受並維持健康的飲食習慣；同時陸續透過座談會與媒體發表，建立國人正確「健康體位」、「體型意識」觀念。

1986 年第一梯成人減肥比賽─體能活動紀錄。

1987 年「一人減肥，全家受益」親子減肥營─活動紀錄。

1987 年成人減肥比賽，學員成果。

1988 年「兒童體重控制營」活動紀錄。

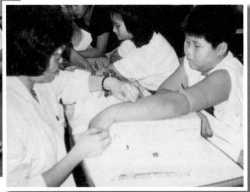

1989 年兒童減肥比賽進行體檢。

1993 年兒童暑期營養生活挑戰營，游泳課程。

董氏基金會創辦人嚴道博士—兒童減肥活動頒獎紀錄。

1994 年，飲食生活保健營。

1999 ～ 2003 年，與教育部合作推動校園體重控制活動，每年輔
導全國 200 餘所國中小學辦理學生體重控制計畫。

1999 年瘦身真相座談會，揭發
美容瘦身業慣用的十大伎倆。

2000 年「訂做魔鬼身材！？」國人體型意識現況調查發表。

2004 年「決定在我比賽」共 726 人參加，參加者平均每人腰圍減少 8 公分、三酸甘油酯降低 42mmHg、膽固醇降低 10mmHg。

2005 年「決定在我—健康享瘦逗陣走」團體減肥比賽開跑。

2005 年決定在我比賽，包含 19 家企業團體，共計 2134 人參加，參加者三酸甘油酯平均減少 51mg/dl、總膽固醇平均減少 17mg/dl、收縮壓平均減少 8mmHg、舒張壓平均減少 8mmHg，圖為明基成果發表。

2004 年「十大黑心減重行銷技倆」記者會，揭發減肥業者 (包含減肥食品、瘦身器材等) 慣用十大行銷伎倆。

2005 年「健康檢查不該沒腰圍」記者會，隔年健檢醫療單位承諾納入健檢項目。

2005 年「誰在製造減肥神話」記者會，呼籲賣場勿設立瘦身專區，勿成為不法業者幫手。

2006 年「吃了就瘦？別傻了！」記者會，關心不實廣告，邀請受害者現身說法，基金會並成立「減肥求助站」接受陳情申訴、協助民眾釐清疑慮。

2005 年拍攝「減肥減低判斷力寄物櫃篇」30秒 CF、「海洋篇」、「甲殼篇」30 秒廣播、「纏電線海報」，CF 獲第 28 屆時報廣告金像獎電視類 / 公共服務別 / 銀像獎。

2009 年辦理寒假學童健康體位挑戰營。

關注學校午餐、推動建立校園食品規範
提升幼兒園餐點品質

　　臺灣含糖飲料攝取量非常驚人，1994 年時飲料銷售總值已超過 400 億、每月有 25 種新飲料推出，因此於 1994 年大力推動「體內環保—喝白開水運動」，1994 ～ 1996 年間全臺辦理 12 場座談記者會、並辦理各式校園活動，1994 當年包裝飲用水即成長 200 倍、100% 果汁成長 64 倍，之後七縣市含糖飲料退出校園。

　　因為「學童有購買的權力，卻沒有選擇的能力」，加上學童每日超過 1/3 時間在校，因此建立校園健康飲食環境非常重要，食品營養組於 1994 ～ 1996 年凝聚產、官、學界共識，召開 40 場以上會議，研擬校園食品草案，由臺北市在 1996 年率先公布實施，教育部也在 2005 年公布「校園飲品及點心販售範圍」，全國實施校園食品規範。2007 年至今受教育部委辦於每年訪視輔導 100 所中小學校、40 家團膳食材廠商督促學校落實校園食品規範、同時關注學校午餐衛生與營養品質。

1987 年「為學童營養午餐立法」座談記者會。

1991～1992 年辦理「嬰兒與幼兒營養」座談會 5 場。

1994～1996 年「喝白開水運動—體內環保」學藝競賽，辦理如：標語徵選、心得花絮短文、繪畫、海報設計、演講等校園活動，評選紀錄。

　　除了中小學校之外，食品營養組同時關注幼兒餐點品質，從早期 1991～1992 年間辦理「嬰幼兒養育講座」座談會，2000～2006 年間研擬幼兒園健康飲食工作準則及推動方案，持續發函兒童局及各縣市社會局，辦理幼教人員研習課程 45 場次，並透過現況調查發表，期引起師長之重視。

　　自 2011 年起陸續承辦教育部「訂定高級中等學校校園販售食品營養及衛生規範計畫」、「修訂「學校午餐食物內容及營養基準」及增修學校午餐生活衛生營養教育指導手冊計畫」、「大專餐飲衛生輔導計畫」。

1996 年「喝白開水運動—體內環保」計畫。

喝白開水酷海報。

1995 年臺北市教育局所屬各級學校員生消費社准許販賣物品規定說明會。

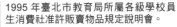

1995 年，結合三黨市議員及 11 個團體拜訪台北市政府，期盼含糖飲料退出校園。

1996 年至今，承辦臺北市教育局校園食品管理工作，包含：
校園食品審件、諮委會、學校抽驗、宣導活動、編印規定手
冊等，圖為「向垃圾食物說 bye-bye」海報優勝作品。

校園食品 logo。

2000 年「校園食品亮起紅燈」記者會，促請教育部及早
實施校園食品規範。

2006 年「校園食品搜查線─紅燈食品充斥校園」校園食品現況調查發表，督促學校落實校園食品規範。

2004 年「寶貝，你在學校吃了什麼？」、2006 年「寶餐一頓，營養知多少？」兩次幼兒園餐點現況調查發表記者會。

2013 年，就是愛喝白開水海報。

2013 年，愛喝白開水更潮更夯更健康記者會。

2013 年，愛喝白開水更潮更夯更健康記者會，學生跳「我愛喝水操」。

全方位建立國人正確飲食營養觀念

食品營養組為建立國人正確飲食營養觀念，1984～1986年間開辦以家庭主婦、上班族為主的社區「營養教室」系列課程22期，並於1985～1990年間輔導當時網球神童王思婷及長跑選手蘇子寧之飲食規劃。

1996～1997年間，配合環保署推廣「飲食環保—珍食行動」，透過「臺灣在外用餐習慣現況調查」、座談會等活動，鼓勵均衡飲食、重質適量、剩菜打包、減少廚餘，點菜不過量。

鼓勵多吃蔬果系列活動

食品營養組自1997～2005年間，為鼓勵多吃蔬果，推廣「每天半斤蔬菜2份水果」、「1天2份水果3份蔬菜」系列活動如：「青菜走走」、「高鮮高纖、健康領先」DIY、「蔬果樂園—健康享瘦新體驗」、「年節宴會『青菜呷』?『呷青菜』！」、「送禮送水果傳情傳健康」、「父親節全家一起腹清潔」、「果語傳情甜蜜蜜」，並拍攝三支公益廣告；到了2005年則進一步鼓勵吃在地當季蔬果，由文化、生產、健康、營養等多元角度，共辦理八場次主題媒體活動。

1990年，長跑選手蘇子寧來訪給予營養評估。

1999 年「年節宴會『青菜呷』？
『呷青菜』！」，推廣年節飲
食圍爐多吃青菜。

2003 年「花現七夕，
果藏真情」活動。

2000 年「果語傳情甜蜜蜜」，鼓勵用水果傳情傳健康。

2001 年，「我愛我 ‧ 我愛果‧525 水果節」─全民吃水果運動。

2004 年「全家一起腹清潔，過個健康父親節」
——蠻牛爸爸帶領孩子打蔬果功夫。

2005 年「送禮送水果，傳情傳心意」水果禮盒設計大賞發表。

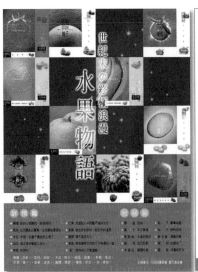

2000 年，水果物語海報。

蔬菜是最佳良藥海報。

鼓勵每天吃半斤蔬菜、2 份水果海報。

蔬菜妹妹海報。

1999 年，拍攝「多吃蔬菜，有益健康」—都會篇、市場篇、花菜篇三支公益廣告。

1997 年,飲食環保座談會。

2008 年,冷飲少少,減碳多多。

1999 年,請顏行書代言推廣「我用蔬果強化身體」。

1999 年,請陳怡安代言推廣「多吃蔬果,讓我美麗又健康」。

2005 年，梅子宴—幸福，存在於餐桌的饗宴。

2005 年「美味飄洋蔥滿風情」記者會。

2005 年「爸爸的鮪魚肚再見」記者會—鼓勵多吃在地當季蔬果。

2013 年「蔬果讓身體更快樂」記者會發表 1068 位民眾身體快樂指數調查結果，結果顯示吃水果的份數與身體快樂分數成正相關。

關心國人「鈉」攝取過多現況

國人普遍「鈉」攝取過多，依據 2005 ～ 2008 年國民營養健康狀況變遷調查結果顯示，19 歲以上成人平均每日鈉攝取量為 3919 毫克，遠高於建議量的 2400 毫克，因此自 2008 年起，透過辦理各種現況調查發表，建立國人正確觀念，並於 2012 ～ 2013 年建立社區及餐飲業者輔導模式辦理「減鈉種子培訓研習課程」。

2008 年舉辦「『鈉』麼多好嗎」記者會，於常見通路抽查 796 件市售食品，發現有 351 項為高鹽食物，占整體 44%。

2008 年「火鍋好料知多少」記者會。

2013 年「即食湯品『鈉』麼多餘」發表各通路販售即食湯品 147 支之調查結果，發現 1/4 產品鈉含量已達要標示警語標準，呼籲民眾應多看標示、並希望廠商減少鈉含量。

2013 年舉辦「喝湯還是喝鈉？」說明市售湯品包含涮涮鍋、湯麵、便當店湯品、超商關東煮含鈉量現況。

推動得舒飲食五原則

據資料顯示,國人 19 歲以上的高血壓盛行率為 17.5%、50 歲以上的人口高血壓盛行率為 38.5%、邊緣性高血壓為 38%,近八成民眾有血壓方面問題!因此食品營養組自 2009 年起推廣得舒飲食

2009 年「得舒飲食—高血壓控制飲食指引研討會」。

(Dietary Approaches to Stop Hypertension,DASH),此飲食原則經科學及臨床試驗証實,可有效降低血壓;過程中除了系列研討會、記者會等活動之外,更透過於電臺播放廣播帶、相關宣導品之發送營造整體氛圍。

2009 年「得舒飲食—控制血壓好幫手」記者會。

2009 年「得舒排舞千人嘉年華活動」：與有近萬名學員的臺北市國際排舞協會合作編排得舒排舞，並辦理「得舒排舞嘉年華」邀請千位排舞媽媽宣導「得舒飲食」搭配運動（排舞）的健康效益，更期透過婦女們將「得舒飲食」概念落實到每一個家庭。

2009 年「餐餐得舒好簡單」，設計得舒飲食食譜，並與飯店業者合作設計得舒飲食餐點。

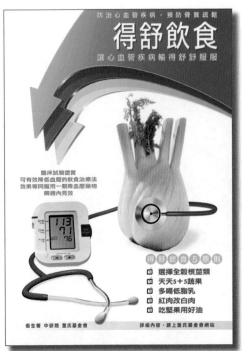

得舒飲食—心臟篇海報，提供全國醫療院所、超市、圖書館等 2000 處進行張貼。

得舒飲食海報五原則篇。

「得舒飲食五原則」貼紙，發送全臺灣 550 個醫療院所進行宣導張貼。

推廣得舒飲食單張。

推動國人攝取全穀類食物

　　「得舒飲食」建議飲食中主食應有 1/2 來自全穀根莖類，但在推廣過程中食品營養組卻發現民眾甚至專業人員常對「全穀根莖類」之定義有疑問或不清楚，因此推動主管機關於 2010 年公布「全穀產品宣稱及標示原則」，明訂全穀定義，為提升相關廠商、專業人員對全穀定義了解，辦理研討會及說明會五場。

　　2011 年為推動業者開發真正的全麥麵粉，辦理「『真』的全麥麵粉～全麥麵粉不一樣了」記者會，同時為推動烘焙業者製作真全麥產品，於全臺北中南區辦理 8 場麵包師傅研習課程共 489 位師傅參與，2012 年辦理 2 場記者會及「全穀麵包達人 PK 賽」。

　　辦理一系列「吃全穀，健康 SO GOOD!」活動，包含短片徵選、教具開發等；2011 年製作全穀類宣導教育海報乙款，發送至全臺醫療院所、圖書館、運動中心等共計 712 處。

「吃全穀，顧健康」文宣品。

2010 年「吃全穀顧健康」記者會，推動主管機關明訂規範。

2011 年「『真』的全麥麵粉～全麥麵粉不一樣了」─主管機關與各家麵粉廠宣誓。

2011 年針對麵包業者開設全穀研習課。

2011 年「『真』的全麥麵粉～全麥麵粉不一樣了」─展示。

2011 年麵包業者全穀研習課程展示。

全麥麵包風味比一比活動，邀請世界冠軍野上師傅分享如何製作好吃全麥，提升業者販售意願。

2012 年「跟糙米說 Hi」記者會，鼓勵民眾改吃最常見的全穀—糙米飯與紫米飯。

2011 年「全穀與健康」研討會，約 250 位營養師參加，以利未來宣導工作。

2012 年「夯全穀，三高不要來」記者會，介紹常見的全穀類如糙薏仁、全大麥、全小米、全蕎麥等，並澄清常見迷思。

2012 年全穀麵包達人 PK 賽—參賽者與 24 款展示麵包，且得獎作品有上市正式販售。

營養教育向下扎根系列活動

　　為培養兒童從小養成良好飲食習慣，食品營養組 1988 ～ 1991 年開辦「兒童營養列車」，設計包含「乳品之旅」、「豆豆之旅」、「神奇的黃豆」、「蔬果之旅」等主題、1999 ～ 2003 年辦理「小習慣 · 大改變！」、「吃多少，動多少！」、「蔬菜大挑戰」、「誰是蔬果通？」、「涼夏魔法營養PARTY」、「健康成長營」等活動，期透過一系列生活體驗教學活動建立兒童正確觀念，同時關心親子飲食教養議題，於 2001 年進行「家長與其子女飲食狀況調查」，瞭解兒童與父母之飲食狀況相關性。

1988 年，兒童營養列車活動紀錄。

1988 年，兒童營養列車─親子課程。

1988 年，兒童營養列車—參觀超市體驗。

1993 年，兒童營養列車—優酪乳 DIY。

1993 年，兒童營養列車—生活挑戰營「體重控制」運動課程。

1993 年，兒童營養列車—參觀乳品工廠。

　　1991年在臺灣首次利用熱量營養密度比，以定性方式研發「飲食紅黃綠燈」觀念，宣導選擇各類食物及區分「健康點心」、「垃圾食物」。

2007 年，飲食紅黃綠燈海報。

2010 年，飲料看燈行海報。

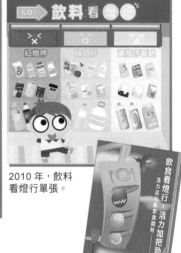

2010 年，飲料看燈行單張。

2001 年，「吃多少胖多少」—讓孩子體驗體重增加的感覺。

2001 年，「吃多少胖多少」。

宣導學童多吃蔬果

1999 年起為鼓勵學童多吃蔬果、並建立其對蔬果之正確認知，辦理多場記者會與校園宣導活動，2003 年間更邀請水果大使 IPIS 合唱團巡迴全臺小學演出 70 場次話劇。

1999 年，多吃青菜健康加分。

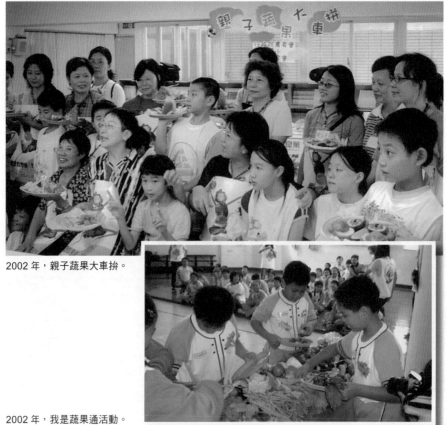

2002 年，親子蔬果大車拚。

2002 年，我是蔬果通活動。

2003 年，「水果大使 IPIS 校園巡迴活動」。

邵曉鈴女士擔任宣導志工，與學童說明多吃蔬果好處。

葉金川先生呼籲從幼兒
期培養多吃蔬果習慣。

「每天 2 份奶」系列活動

　　據國小學童營養調查，學童普遍鈣質攝取不足，而奶類食物含鈣豐富、人體也易吸收，故食品營養組自 2005 年起為引起社會大眾對學童鈣質攝取之重視，辦理多場建立正確觀念、迷思澄清、調查發表之媒體活動。

　　同時為建立學童正確觀念，提升學童對乳品之認知與喜好，自 2006 年起辦理一系列「每天 2 份奶」校園宣導活動，至目前為止共計有 460 所小學（近全臺小學 1/5）直接參與宣導計畫；同時辦理多種如：「鈣酷牛奶盃三對三籃球賽：黃金長高三要素：營養、運動、睡眠」、「聽故事・愛上奶」說故事及演講比賽、繪畫、著色、啦啦隊比賽等學藝競賽，參與人數超過 8000 人。

2005 年「每天 2 份奶・存足骨本長得高」系列記者會。

2006 年「補鈣？補胖？傻傻分不清楚」，呼籲師長及兒童少喝飲料，選擇 100％乳品。

2007 年，「聰明喝 2 奶『三不取』：每天 2 份低脂 100％乳品」記者會，呼籲民眾選擇乳品時應注意乳脂肪含量、乳含量百分比等。

2007 年「牛奶有害？」記者會，針對暢銷書「不生病的生活」中對牛奶的謬誤提出澄清。

2013 年，「學童奶類食物攝取現況調查」發表，結果發現四成孩子天天喝飲料、乳品攝取與家庭環境息息相關。

2007 年，「聽故事，愛上奶」幼兒園話劇表演。

2009 年，「飲料喝太多、牛奶喝不下」記者會，說明幼兒攝取奶類之重要性與攝取過多飲料之壞處，現場並邀請臺大醫院小兒過敏科主任說明牛奶與過敏、乳糖不耐症之關係。

2007 年，每天 2 份奶繪畫比賽—中年級得獎作品。

2007 年，每天 2 份奶繪畫比賽—低年級得獎作品。

2007 年「樂活牛奶盃─啦啦隊暨隊呼比賽」，於臺北市、新北市、桃園縣辦理，共計 200 餘隊小學生參加。

2007 年「我家有個牛哞王」攝影比賽得獎作品。

2008 年「鈣酷牛奶盃三對三籃球賽」。

「每天 2 份奶」系列文宣品

「正確選擇飲品」系列推廣計畫

　　2007 年承辦教育部「增進學童對健康飲料選擇能力」計畫，訂定「飲料建議攝取系統」，將乳品、豆漿、果（蔬）汁、其他等四類飲料，依乳含量、蛋白質含量、果（蔬）汁含量及外添加糖量、含咖啡因量、是否添加代糖等因素，分「每天飲用」、「偶爾飲用」、「少飲用」三級。

　　而為引起師長重視，辦理系列媒體活動，呼籲少含糖飲料，多喝白開水、選擇健康的飲品。

2007 年「為什麼孩子要喝飲料」記者會，4 ～ 6 歲幼兒及其家長飲品攝取現況調查發表，顯示幼兒喝飲料主要受家長飲食行為、教養態度、家裡有無放飲料、家長對各種飲料健康之認知程度。

2008 年「巧思選飲料～談飲料建議攝取系統」記者會。

2010 年「含糖飲料的甜蜜陷阱」，發表市售包裝食品及手搖飲料連鎖店，糖含量的分析結果，並辦理「正確選飲料」闖關活動，期培養學童的良好飲食習慣。

2010 年與北京大學公衛學院合作於北京大學附屬小學辦理「健康飲，贏健康」闖關活動。

2005 年，「健康臺灣年一健康吃快樂動」記者會。

推動兒童「均衡飲食」觀念，建構社會與校園整體環境

　　為推廣兒童均衡飲食議題，陸續辦理多種活動營造整體風氣，

同時透過師資培訓、各項宣導品之發展，建構校園支持性環境。並於 2010 年起關心親子飲食教養議題，發展讓孩子愛上健康食物十大策略。

2008 年「W 型新食代危機」（蛋白質高、鈉高、膽固醇高、鈣質低、膳食纖維低）發表，辦理暑期「樂活寶貝健康營」。

2010 年「親子 COOK 一夏」烹飪活動─李明依等 12 組親子展示創意料理。

2010 年「快樂用餐—親子攝影」比賽，鼓勵家長營造快樂用餐氣氛。

2013 年暑期「食全食美養成班」，透過體驗、DIY、教導家長正確教養方式，改善孩子偏挑食行為，最後孩子都紛紛愛上原本不愛的蔬菜、全穀、苦瓜、茄子呢！

2010 年～至今，雀巢全球健康兒童計畫支持下辦理小學「健康吃，快樂動」宣導活動，依學童飲食問題現況設計宣導主題：均衡飲食、每天 2 份奶、多吃蔬果、認識全穀、健康體位與體型意識、天天吃早餐。

2011 年～至今，推動孩子攝取全穀類食物。

2011 年「穀 morning ～蔬果 give me five ！」一日營隊。

「健康吃，快樂動」系列宣導。

「健康吃，快樂動」系列宣導。

1990 ～ 2008 年，建構校園支持性環境，辦理師長培訓；1990 ～ 2005 年「健康鮮師成長營」辦理 103
場次、2002 ～ 2005 年「晨光時間說故事愛心志工研習」14 場次、2003 年「均衡飲食 · 食在健康」
兒童營養教育園丁交流會三梯次。

2002 年～至今，發展文宣品 21 款海報、18 款單張、22 款手冊書籍、20 款影音與教具：2002 年推出第一套以兒童為主之「健康酷寶包」營養教育教材、2004 年「均衡王國金國王」動畫教學影片暨輔助手冊」與漫畫書獲「珍愛生命傳播健康—優良健康好書」推介獎、2003 ～ 2004 年共七款文宣獲國民健康局「2003、2004 年優良健康促進教材徵選」優良獎。

我的飲食新主張海報，獲國民健康局「2004 年優良健康促進教材徵選」優良獎。

健康飲食動畫影片「均衡王國金國王」教學影片暨教學輔助手冊，獲「珍愛生命傳播健康— 2004 年優良健康好書」推介獎、國民健康局「2004 年優良健康促進教材徵選」優良獎。

2010 年，出版「兒童飲食教養～讓孩子愛上餐桌」一書，獲國民健康局「2011 健康好書」推介獎。

2003 年開發製作「吃出健康的好幫手～黃金比例 321」均衡飲食餐墊,獲國民健康局「2003 年優良健康促進教材徵選」優良獎。

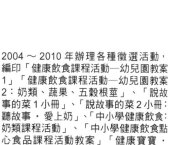

2004 ～ 2010 年辦理各種徵選活動,編印「健康飲食課程活動—幼兒園教案 1」「健康飲食課程活動—幼兒園教案 2:奶類、蔬果、五穀根莖」、「說故事的菜 1 小冊」、「說故事的菜 2 小冊:聽故事 · 愛上奶」、「中小學健康飲食:奶類課程活動」、「中小學健康飲食點心食品課程活動教案」「健康寶寶 · 創意餐點食譜小冊」。

破除食品迷思
推動相關法規完整性
鼓勵廠商開發更健康食品

調查市售產品，建立國人正確觀念、推動廠商開發更健康食品：

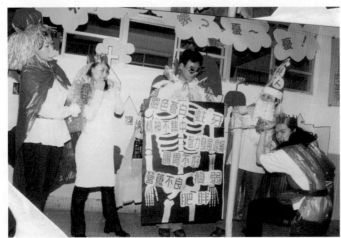

2000 年「油來油去，樂憂憂？」暢銷休閒零食營養成分分析發表。

2000 年「水需要加味嗎？」發表，同年四月該系列產品消失。

2003 年「便當，方便當然也要健康」。

2002 年「還優酪乳『原味』！」針對優酪乳外加糖調查發表。

2006 年「發酵乳產品～『糖水』多更多！」市售優酪乳外加糖調查發表，結果發現添加糖量約下降兩成。

速食超熱量　薯條最驚人

董氏基金會調查　每種套餐都超過一人一天所需的一半　中杯可樂相當十二顆方糖

2002 年「速食知多少？」發表學童速食消費習慣及常見速食食物營養成分分析（後續速食業者開發較健康餐點，如：沙拉、牛奶、墨西哥捲等）。

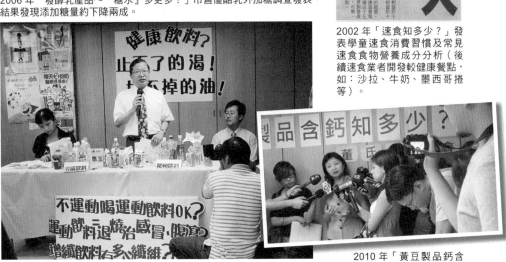

2010 年「黃豆製品鈣含量知多少？」記者會。

2007 年「健康飲料？止不了的渴，切不掉的油」迷思澄清。

141

　　推動友善、易懂之營養標示，辦理四場記者及公聽會，後續廠商開始以每一份量標示營養含量，而不再以 100 克為唯一的標示單位。

2003 年「你吃了什麼？」營養標示座談會。

2009 年「營養標示大蒐祕」記者會。

　　針對「健康食品」辦理系列活動，呼籲健康食品除保健功效之外，也應考量其他成分對人體可能之影響，分別於2007、2012年辦理兩場記者會。

1997 年「健康食品座談會」。

2007 年與田秋堇立法委員辦公室合作召開「健康食品健康嗎？」公聽會。

2012 年「健康食品？」記者會。

推動法規完善；推動主管機關針對「鮮乳保久乳調味乳乳飲品及乳粉品名及標示規定」、「宣稱含果蔬汁之市售包裝飲料標示規定」進行更完善的規範，此外，2010 年承辦衛生署「標準作業化之手搖杯飲料營養標示研究計畫」，評估其營養標示的可行性及方式之研究；2012～2014 年推動食品安全衛生管理法修訂，成功推動包含「主原料標示使用百分比」、「原料標示需依含量由多到少依序標示」、「禁止較不健康食品對兒童進行廣告及促銷」。

「2009 年奶粉乳含量知多少記者會」，調查市售奶粉乳含量，宣導民眾選購食品時注意營養及食品標示，並呼籲主管機關訂定規範，期讓廠商明確標示乳粉含量。

2011 年，從起雲劑看食品廠商未如實標示。輔仁大學食品科學系丘志威教授呼籲，應恢復複方食品查驗登記、查廠，同時食品原料應展開標示。

2012 年，與立法委員王育敏辦公室合作「水果口味飲料，誤導消費者」記者會。

2012 年「有吃有保佑？小心補過頭！」記者會照片。

2012 年「速食飲料，容量熱量傻傻說不清楚」記者會。

2013 年「手搖杯飲料，半糖是全糖的一半？」記者會，針對 10 家連鎖手搖杯飲料店，檢測 232 支茶飲的含糖量，發現大部分的半糖茶飲都不是真的半糖，而是 7～8 分糖！其中甚至有 16％的半糖茶飲含糖量和全糖相似，僅有 23％的半糖茶飲為真的半糖。

2013 年「有機通路就安心？」記者會，說明調查 6 家有機通路業者販售之包裝食品之結果，包含有「標示不全」、「原料未依含量多到寡依序標示」等違法食品衛生管理法及其施行細則之情形。

145

食品營養組未來展望

持續扎根兒童食育，健康吃快樂動
營造良好健康飲食環境

「我們會吃喜好的食物，我們更會喜好常吃的食物」，人的口感、飲食喜好與環境及熟悉度密切相關，而飲食行為和生活型態大多是從小耳濡目染累積而成，故兒童期是食物喜好與飲食習慣的養成階段，也是施予營養教育、培養正確觀念的最重要時期。

現代兒童和青少年面臨的營養與健康問題與過去大不相同，當今市面上充斥著各式各樣過度加工的食品或半成品，更有食品添加物普遍濫用問題，不但讓產品成分出現配角變主角的怪現象，例如部分米粉、雞塊中的添加物比例竟然比原食材還高，還導致許多孩子漸漸不識食物真滋味，因為生活中充滿著人造美味，孩子們沒有機會品嚐天然原味和口感，所以味覺記憶中只有人工和添加物的味道，還以為番茄的味道就像番茄醬的甜酸味，誤以為加了人工柑橘香料的果汁較新鮮，反而喝到現榨柳橙汁還以為是水果壞掉了。

兒童和青少年的營養知識和獨立判斷能力未臻成熟，雖然「有選擇的權力，卻無判斷的能力」，故社會有責任提供良好的飲食環境，帶領孩子健康吃、快樂動，建立良好的生活習慣，才能從根本預防慢性病，奠定一生健康的基礎。

宣導高油糖鹽危害不亞於黑心添加物
預防肥胖、慢性病

同樣是吃，可以吃出健康，也可以吃出麻煩、吃出疾病；國

人十大死因中，大部分都與高油糖鹽飲食密切相關，但現代食品為刺激消費者味蕾，常添加高油、高糖、高鹽，並大量運用各種調味料及添加物，造成許多文明病的發生，如肥胖、新陳代謝症候群、部分癌症等；所以高油糖鹽飲食是未來更不安全的飲食風險因素，更要做好風險管理。

高油糖鹽帶來的飲食風險不是立即性可見的傷害，導致消費者常無自覺的大口吃下肚，還沒被添加物毒死，心血管可能就先堵塞而死。而孩童從小接觸此類食品，不只影響口味的養成，對健康成長更是一大隱憂，近年即可見慢性病逐年低齡化的現象。

鼓勵廠商誠實標示，維護消費者食知權
合乎法規是最起碼的標準

本組近年來更致力於食品標示把關，並教導民眾解讀；食品標示應提供正確完整的消費資訊，讓消費者面對食品時有判斷及選擇權，以慎選最適合自己的商品。正確的食品標示也是業者對產品的負責態度，做到符合法規只是最低標準，業者在行銷創意之下，應避免誤導消費者；例如無蔬果汁或含量極少的飲品，就不應使用真實或大面積蔬果圖案，以免消費者誤解。

關懷銀髮族飲食健康

臺灣已步入老年化社會，有關老人飲食營養、健康狀況及長期照護等問題，也將是基金會未來關心努力的目標。

食品營養組大事記

舉辦系列活動，建立國人正確飲食營養觀念

- 1984 ～ 1986 年，辦理社區「營養教室」系列課程 22 期。
- 1985 ～ 1989 年，網球神童王思婷及長跑選手蘇子寧之飲食規劃。
- 1996 ～ 1997 年，推廣「飲食環保～珍食行動」：均衡飲食、點菜不過量、剩菜打包、廚餘變黃金。
- 1997 ～ 2005 年，推廣「每天半斤蔬菜 2 份水果」、「1 天 2 份水果 3 份蔬菜」系列活動；1999 年，拍攝三支 20 秒公益廣告。
- 2005 年，鼓勵吃在地當季蔬果，辦理 8 場次主題媒體活動。
- 2008 年～至今，關心國人「鈉」攝取現況：2008 年「『鈉』麼多好嗎」、2013 年「喝湯還是喝鈉？」、2013 年「即食湯品『鈉』麼多餘」、2012 ～ 2013 年建立社區及餐飲業者輔導模式、2013 年辦理「減鈉種子培訓研習課程」。
- 2009 年，配合中央研究院「高血壓防治飲食全面宣導計畫」，推動得舒飲食系列活動。
- 2010 年～至今，推動主管機關於 2010 年公布「全穀產品宣稱及標示原則」，辦理系列活動：2010 年「吃全穀，顧健康」記者會、2011 年「『真』的全麥麵粉～全麥麵粉不一樣了」記者會與 8 場烘焙業者研習課程、5 場專家及廠商研討說明會、2012 年「跟糙米說 hi」、「夯全穀，三高不要來」2 場記者會與「全穀麵包達人 PK 賽」。
- 2013 年，「蔬果讓你更快樂—身體快樂指數大調查」。

1986 年～至今

首開國人減重風氣，針對成人、親子、兒童辦理體重控制相關活動

- 1986 ～ 1993 年，首辦成人「減肥比賽」、「一人減肥，全家受益」親子減肥班 32 梯次，3000 人受惠。

- 1989 ～ 1992 年，健康就是美，關注過瘦問題，辦理六梯次「增重班」、「胖瘦由你選」班，發表「胖瘦面面觀」調查結果。

- 1999 ～ 2003 年，承辦教育部校園體重控制活動，每年輔導全臺中小學 250 所。

- 1999 ～ 2000 年，進行國人體型意識（Body Image）調查，辦理「訂做魔鬼身材！？」記者會。

- 1999 ～ 2006 年，澄清錯誤減肥方法並剖析美容、減肥業者行銷手法，舉辦系列記者會：1999 年「瘦身真相座談會」、2000 年「國人錯誤飲食認知與行為——吃飯容易胖」調查發表、2004 年「十大黑心減重行銷技倆」調查發表、2005 年「誰在製造減肥神話」、2006 年「吃了就瘦？別傻了！」。

- 2004 年，「決定在我—挑戰健康威脅指數」個人減肥比賽。

- 2005 年，「決定在我—健康享瘦逗陣走」團體減重比賽。

- 2005 年，「健康檢查不該沒腰圍」記者會，隔年健檢醫療單位承諾納入健檢項目。

- 2005 年，製作「減肥減低判斷力」30 秒 CF（獲第 28 屆時報廣告金像獎電視類／公共服務別／銀像獎）、2 支廣播帶。

- 2009 ～ 2013 年，承辦教育部中小學校「學生身體健康促進計畫」、「健康體位輔導與推廣計畫」。

1987 年～至今
關注學校午餐、推動建立校園食品規範、提升幼兒園餐點品質

- 1987 年，「學童午餐何去何從」及「促成學童營養午餐立法」座談記者會。

- 1991 ～ 1992 年，辦理「嬰兒與幼兒營養」座談會 5 場。

- 1994 ～ 1996 年，「喝白開水運動～體內環保」系列計畫，含 12 場次北中南記者座談會。

- 1994 ～ 1996 年，凝聚產、官、學界共識，召開 40 多場會議，研擬校園食品草案，1996 年臺北市率先公布實施校園食品規範。

- 2000 年，「校園食品亮起紅燈」記者會，促請教育部及早實施校園食品規範。

- 2000 ～ 2006 年，研擬並透過持續發函兒童局及各縣市社會局推動「幼兒園健康飲食工作準則及推動方案」，辦理幼教人員研習課程 45 場次。

- 2004 年，「寶貝，你在學校吃了什麼？」、2006 年「寶餐一頓，營養知多少？」兩次幼兒園餐點現況調查發表記者會。

- 2005 年，教育部公布全國實施「校園飲品及點心販售範圍」。

- 2006 年，「校園食品搜查線～紅燈食品充斥校園」調查全國校園食品現況。

- 2007 年～至今，承辦教育部「校園飲品點心販售查核與輔導」、「學童午餐查核與輔導」、「國中小學學校午餐及校園食品訪視」計畫。

- 2011 年，受教育部委託「訂定高級中等學校校園販售食品營養

及衛生規範計畫」。

- 2012 ～ 2013 年，受教育部委託「修訂「學校午餐食物內容及營養基準」及增修學校午餐生活衛生營養教育指導手冊計畫」。
- 2013 年～至今，受教育部委託辦理大專餐飲衛生輔導計畫。

1988 年～至今　飲食營養教育向下扎根系列活動

- 1988 ～ 2003 年，開辦「兒童營養列車」16 梯次，進行生活體驗系列活動及辦理系列記者會。
- 1990 ～ 2008 年，建構校園支持性環境，辦理師長培訓：1990 ～ 2005 年「健康鮮師成長營」辦理 103 場次、2002 ～ 2005 年「晨光時間說故事愛心志工研習」14 場次、2003 年「均衡飲食‧食在健康」兒童營養教育園丁交流會 3 梯次。
- 1991 年，臺灣首次發展及推廣「飲食紅黃綠燈」觀念。
- 2001 年，進行「家長與其子女飲食狀況調查」，瞭解兒童與父母之飲食狀況相關性。
- 2002 年～至今，發展文宣品 21 款海報、18 款單張、22 款手冊書籍、20 款影音與教具：2002 年推出第一套以兒童為主之「健康酷寶包」營養教育教材、2004 年「『均衡王國金國王』動畫教學影片暨輔助手冊」與漫畫書獲「珍愛生命傳播健康—優良健康好書」推介獎、2003 ～ 2004 共七款文宣獲國民健康局「2003、2004 年優良健康促進教材徵選」優良獎。
- 2003 年，「水果大使 IPIS 兄妹」於全臺校園宣導 70 場次。
- 2005 年～至今，為引起社會大眾對學童鈣質攝取之重視，辦理

多場媒體活動：2005 年「每天 2 份奶‧存足骨本長得高」、2006 年，「補鈣？補胖？傻傻分不清楚」、2006 年「換奶不斷奶‧健康不缺鈣」、2007 年「聰明喝 2 奶三『不取』」、2007 年「牛奶有害？」澄清記者會、2007 年「乳品營養與健康」研討會、2008 年「黃金長高三要素：營養、運動、睡眠」、2009 年「飲料喝太多、牛奶喝不下」、2013 年「學童奶類食物攝取現況調查」發表。

- 2006 年～至今，辦理「每天 2 份奶」校園活動，共計 460 所小學；此外辦理各種學藝競賽，參與人數超過 8000 人。

- 2007 年～至今，2007 年承辦教育部「增進學童對健康飲料選擇能力」計畫，訂定「飲料建議攝取系統」，並辦理多場媒體活動：2007 年「為什麼孩子要喝飲料」、2008 年「巧思選飲料～談飲料建議攝取系統～」、2010 年「含糖飲料的甜蜜陷阱」、2013 年拍攝「就是愛喝水」廣告兩支並辦理「愛喝白開水，更潮更夯更健康」記者會。

- 2008 年，「W 型新食代危機」發表，辦理暑期「樂活寶貝健康營」。

- 2010 年～至今，關心親子飲食教養議題，發展讓孩子愛上健康食物十大策略：2010 年「親子 COOK 一夏」烹飪活動、2010 年「快樂用餐—親子攝影」比賽，2013 年暑期「食全食美養成班」；2010 年出版「兒童飲食教養～讓孩子愛上餐桌」一書，獲國民健康局「2011 健康好書」推介獎。

- 2010 年～至今，雀巢全球健康兒童計畫支持下辦理小學「健康

吃，快樂動」宣導活動。

- 2011 年～至今，推動孩子攝取全穀食物：2011 年「吃全穀，嚼出健康嚼出聰明」、2011 年「穀 morning ～蔬果 give me five ！」。
- 2012 年，「國小學童早餐大調查」現況發表。

2000 年～至今

破除食品迷思，推動法規完備性、鼓勵廠商開發更健康食品

- 2000 年～至今，調查市售產品，建立正確觀念、推動開發更健康食品：2000 年「油來油去，樂憂憂？」暢銷休閒零食營養成分分析發表、2000 年「水需要加味嗎？」發表、2001 年「便當，方便當然也要健康」、2002 年「還優酪乳『原味』！」、2002 年「速食知多少？」、2006 年「發酵乳產品～『糖水』多更多！」、2007 年「健康飲料？止不了的渴，切不掉的油」迷思澄清、2008 年　火鍋好料知多少」、2010 年「黃豆製品鈣含量知多少？」記者會。
- 2003 ～ 2009 年，推動友善、易懂之營養標示，辦理四場記者及公聽會。
- 2007、2012 年辦理「健康食品，『健康』嗎」記者會，呼籲健康食品除保健功效之外，也應考量其他成分對人體可能之影響。
- 2010 年，衛生署委辦「標準作業化之手搖杯飲料營養標示研究計畫」，評估其營養標示的可行性及方式之研究。
- 2012 ～ 2014 年，推動食品安全衛生管理法修訂及相關標示法規，如：乳品、飲品、米粉等。

感謝有您一路陪伴

文／許惠玉（董氏基金會食品營養組主任）

　　三十年歷程走來，食品營養組總期許自己是稱職的社會觀察及倡議者，致力於發現食品及營養真相及澄清疑慮，提出問題並引起社會重視關注，扎根食育，共同研究改變觀念風氣，進而形成共識，推動相關政策。

　　如同本組決心推廣「含糖飲料退出校園」、為成長中學童把關適合的「校園食品」等訴求，是導因於 1988 年開辦「兒童體重控制班」時，發現參加學童之血脂肪包括三酸甘油脂、膽固醇多半超過正常範圍，歸究原因是高油糖鹽飲食及「把飲料當開水喝」。雖然孩童有選擇的權利，但無判斷的能力，故師長有責任提供健康飲食環境，尤其學校是孩子長時間活動的場所，有相當大的影響力，更該當仁不讓為孩子的健康把關。命好不如習慣好，好命不如好習慣，慢性病是從小累積而成的，而致病因素中有一半以上源於不健康的生活型態，孩童時期的不良飲食型態及肥胖更會延續到成人。

　　少吃油糖鹽現在聽起來覺得理所當然，但在二十多年前仍屬前瞻性觀察的論點，因此在推動「校園食品」之初，揚起極大的反彈聲浪，質疑這些理念荒謬、不可行，甚至招致業者嗆聲丟雞蛋，許多學者也紛紛提出「缺乏實證醫學」、「各國都沒有做，臺灣為何要先做」等；另如約十年前提出「反式脂肪」觀點時，也同樣面臨過類似阻力；但到現在，有關糖、反式脂肪等已成熱烈關心及討論的議題，近五年也有愈來愈多的經費投入研究。

　　要顛覆澄清似是而非、積非成是的觀念，是不容易的，常常有人打趣我怎麼還沒被「蓋布袋」；天助人助自助，我們深深感念和無限感謝各界賢達的協助和參與，支持我們一路走來能一如初衷，致力促進國人吃出健康、吃出幸福；而工作團隊陣容也愈來愈多元，不只限於原有堅強的營養背景，還有來自公衛、新聞等領域同仁加入一起打拚。

　　三十年來，我們受到太多無私真誠的協助，因著許多機緣，成就了許多事項，大言不慚自許成果豐碩，雖然大部分人都不知道是我們付出的努力，讓同仁難免偶感沮喪；但我總是勉勵同仁千萬不要輕言放棄，只要持續努力，觀念制度會留下，趨勢氛圍是細水長流的，理念是對的就該堅持，努力不懈的訴求，以溫和誠懇的態度說該說的話，當下不一定會得到對方的認同，但隨著時間、次數增多，終究會引起社會的重視。

　　還記得本會創辦人嚴道董事長花了兩三年時間，字字斟酌修訂了一份工作守則，修改過程中反覆和同仁分享討論：

　　　以愛心與真誠的心待人；抱持給予與敢做的勇氣；

　　　少為自己打算，多為別人設想；

　　　講話要厚道、寬大，有正義、真理；

　　　多為人服務，少計較金錢；和睦相處，忠實對待朋友；

　　　相互讚美鼓勵能引發更多的努力；

　　　嚴以克己、寬以待人，在人後多說好話；

　　　遇事不氣餒，要有信心；不要生氣，要有志氣。

　　多年來碰到挫折時，常拿出來複習勉勵自己，每看一次都有新的受用與學習；期待未來同仁再造數個董氏三十，仍然堅持永不放棄的關懷。

【第四部】全方位的健康關懷
心理衛生篇

從兒童情緒教育
到全民心理健康促進

　　秉持「往下扎根」的理念，董氏基金會心理衛生組成立之初，以「情緒教育」為主訴，創辦各式兒童青少年成長活動，例如「小領袖培養營」、「公益小尖兵」、「小紳士小淑女海外見學活動」、「減壓列車」、「情緒 Happy 營」等，將近十年推廣，每年超過百位兒童參與，使其了解什麼叫情緒，情緒與自己的關連，也讓孩子了解公益可以從小做起，人人都可以做公益。雖為小眾傳播，

這些孩子卻是一顆顆公益的種子，從自己做起再影響他人，如義工許睿芝同學的分享：「1995 年，我參加了董氏基金會公益小尖兵，那年要升小學三年級。始業式時嚴爺爺用宏亮有精神的聲音告訴我們：只要幫助別人，付出愛心與關懷，你就會很快樂。這句話深深印在我腦中。雖然當時我不是那麼懂他的意思，可是後來我陸續參加很多公益團體舉辦的活動去當志工。從參與中，我逐漸體會助人的快樂。過程中，不時想起嚴爺爺的話，再找到助人的勇氣。」

自 1996 年開始，臺灣掀起關注 EQ 的風潮，心理衛生組轉型對大眾做情緒教育，不同主題包括「快不快樂」、「怒氣表達」、「憂鬱情緒」等進行各式宣導活動，讓民眾認識情緒與心理健康，開創許多情緒紓解活動，例如「大聲嘶吼」、「讓怒氣遁形」比賽及「向憂鬱 say goodbye」等。

1999 年，臺灣發生史上傷亡最慘重的天災「921 地震」，民眾陷入深深的焦慮與不安，此年世界衛生組織也提出警語，憂鬱症已與癌症、愛滋並列為二十一世紀三大疾病，這時因有朱英龍董事長的加入，自此心理衛生組積極推動憂鬱防治，包括：

一、全臺巡迴舉辦講座，直接與民眾互動，15 年來，每年至少有 50 場，同時透過此深耕教育、讓專業醫療人員與民眾直接對話，從早期精神科門診的門可羅雀，至今日門診必需限制掛號人數。成功扭轉民眾對「精神科」及「心理疾病」就診的看法。

二、首創憂鬱症防治網站，提供民眾憂鬱症防治資訊、線上諮詢、

憂鬱症問題留言板、線上篩檢及各式影音互動的宣導教材，最高記錄一年有 40 萬人次使用線上篩檢，至今在 yahoo、google 二大蒐尋引擎鍵入關鍵字「憂鬱」或「憂鬱症」，董氏基金會心理衛生組網站排名皆在三名內。

三、創立「憂鬱症篩檢日」，2000 年開始，結合臺北市衛生局、臺北市立療養院（今臺北市立聯合醫院松德院區）創立「憂鬱症篩檢日」（每年十月的第二個星期六），藉此呼籲民眾要做憂鬱情緒篩檢及建立紓壓習慣，透過檢測工具及紓壓建議，大型宣導活動，醫療、學校單位的結盟推廣，讓憂鬱症篩檢的觀念深植民眾心中。憂鬱症篩檢日從早期由單一團體，至今已成為多個心理衛生團體、及政府單位共同推展及投入經費支持的事項，篩檢工具的提供也從書面、網路，再研發出 App 版本，2012 年發布，短短五個月，已超過四萬人下載。每年超過百所學校應用篩檢工具為學生檢測情緒，這也表示預防憂鬱症的觀念已成為許多民眾關注的議題，讓抽象的心理健康概念因此被聚焦及被重視。

四、創新及研發心理健康方案及教材，自推動憂鬱防治工作以來，董氏基金會心理衛生組深知提供給民眾正確憂鬱防治及心理健康促進資訊的重要及必要性，因此包括印製篩檢量表、宣導手冊、單張、海報、書籍及製作公益廣告、宣導短片及教案、宣導動畫及線上互動遊戲等，藉由影像、圖文等形式傳遞觀念，提供多元管道及通路讓民眾獲知新訊及求助資源。2009 年起，除原有的預防宣導系列外，更朝向推動「運動紓

壓」觀念的建立與促進著手，包括創立臺灣企業紓壓日、推廣樂動校園計畫等，藉由各界領導者響應與呼籲，也與中、小學合作，讓運動紓壓觀念從小扎根、養成習慣，維持身心的健康。透過各式宣導方案，讓全臺灣民眾對憂鬱症防治的認知程度提升，不害怕談憂鬱症，求助意願提升，也淡化民眾對憂鬱症的負面觀點。透過長期推廣，讓自己快樂不憂鬱已成為許多民眾的生活主張。

董氏基金會心理健康教材及宣導影片。

兒童心理健康促進成長活動

　　秉持往下扎根的理念，自 1990 年起，每年寒暑假舉辦兒童成長營隊活動，期望透過活動舉辦，讓兒童認識自己、認識情緒，練習關懷別人及培養做公益的心。

1990 年，小紳士小淑女海外見學活動，與日本豐山城北扶輪社同學交換禮物。海外見學活動，除了讓兒童了解不同國家的人文、地理、歷史特色外，每次都會安排與當地一所學校進行聯誼活動，讓兒童透過交流活動，看看別人，想想自己，也練習展現自己國家的特色。

自 1990 ～ 1998年，每年定期舉辦「公益小尖兵」、「小領袖培養營」、「兒童海外見學活動」、「減壓列車」等等。培養許多小朋友建立關心自己與他人情緒的習慣，也成為傳播公益的種子。

在 2000 年，也因為累積的兒童成長活動執行經驗，特別為 921 震災的寄住學童設計「希望種子」營隊活動，讓寄住學童透過活動參與，獲得情緒支持與學習紓壓方法。

1993 年，中日學生友誼交流暨環保見學。與參訪的日本小學學生相見歡。透過本次活動讓兒童了解比較不同國家對環境保護的觀念、作法及成效。

1996 年，小領袖培養營。義工老師帶領學童進行團體活動。除了大團體課程，並設計多項團體活動，讓參與的兒童學習與他人互動、溝通、學習在團體中如何領導、被領導及當自己的領袖。

小領袖培養營。每次活動皆會設計情緒相關主題，邀請專業講師授課，要培養兒童獨立、自信及良好的溝通能力。

2001 年，小領袖培養營。拜訪當時的教育部部長曾志朗。每次的小領袖培養營，都會安排拜訪一位
不同領域的領袖，讓參與兒童透過與領袖的互動對談，認識不同的領袖風格。

2003 年，公益小尖兵。每次設計不同主題，規劃相
關參訪行程，邀請名人分享公益經驗，教導小朋友由
生活當中培養公益的心。

1998 年，公益小尖兵。參訪如育幼院、報社、公共組織等
單位，讓學員了解公益是隨時可做、隨處可行。

1995 年，快樂成長營小兵歸隊系列活動。小兵歸隊與小小兵分享公益心得。對歷來參與兒童成長活動的學員做定期追蹤所舉辦的活動，使其在活動中增加對公益使命的認同，增加凝聚力。

2000 年，公益小尖兵-希望種子。配合 921 震災後，提供災後到臺北寄讀的學童情緒紓解的管道，舉辦希望種子兒童活動，讓災區寄讀學童與台北學童交流，分享情緒。

情緒紓解 DIY

　　自 1986 年起，以壓力調適、情緒紓解為主題，設計多種紓壓活動及透過媒體宣導，例如大聲嘶吼、打擊、踢、敲等活動形式，提醒國人適時紓壓及建立有效的紓壓習慣。

1997 年，台北車站前百貨公司舉辦「大聲嘶吼」比賽，鼓勵民眾可以透過大叫紓發壓力。

1998 年，舉辦「讓怒氣遁形」比賽，讓民眾了解生氣是可以表達的，運用不同的工具適時紓發。

1999 年，舉辦「向憂鬱 say goodbye」
大型情緒紓解活動，提供民眾包括跑步、
拳擊、大聲嘶吼、溜直排輪、跳舞等多元
方式來紓解情緒。

2005 年,「踢館」情緒紓解活動。呼籲民眾透過肢體的伸展,如踢的動作來紓發壓力。當時董氏基金會執行長黃鎮台率先示範, 踢倒壞情緒。

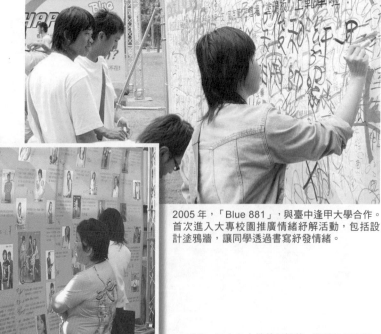

2005 年,「Blue 881」,與臺中逢甲大學合作。首次進入大專校園推廣情緒紓解活動,包括設計塗鴉牆,讓同學透過書寫紓發情緒。

2005 年,五十名人情緒紓解牆。邀請包括政界、體育界、影劇界、藝文界等不同領域名人分享個人紓壓方法。讓民眾透過名人經驗分享,可從中選擇適合自己的紓壓方式。

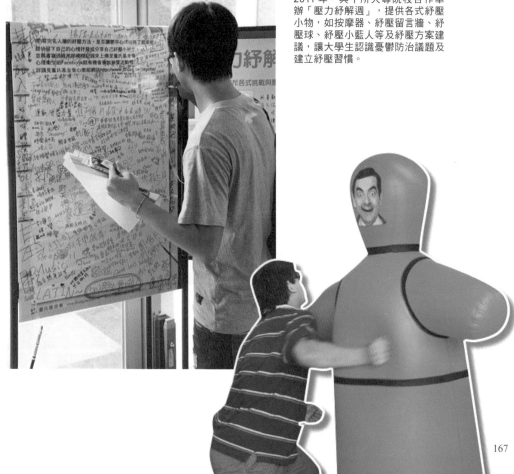

2011 年，與十所大專院校合作舉辦「壓力紓解週」，提供各式紓壓小物，如按摩器、紓壓留言牆、紓壓球、紓壓小藍人等及紓壓方案建議，讓大學生認識憂鬱防治議題及建立紓壓習慣。

憂鬱症篩檢日

憂鬱症篩檢日是發想於美國的憂鬱症篩檢計畫，固定時間於美國某些醫院舉辦保密及在地的篩檢活動。本會創造符合本土特色之憂鬱症篩檢活動，把每年十月的第二個星期六訂為「憂鬱症篩檢日」，與醫療衛生單位、心理衛生中心、學校合作，舉辦系列宣導造勢活動，提供民眾憂鬱情緒的篩檢工具及認識憂鬱情緒、憂鬱症之相關資料，藉此呼籲民眾正視自己的心理健康及達到預防之效。

2000 年憂鬱症篩檢日同年於高雄舉辦，專業人員提供現場諮詢服務。

2000 年憂鬱症篩檢日創立，董氏基金會創辦人嚴道、代言藝人許茹芸、孫翠鳳及當時的立法院院長王金平、衛生署長李明亮、臺北市立療養院 (現為臺北市立聯合醫院松德院區) 院長胡維恆出席呼籲社會大眾重視憂鬱症及做憂鬱情緒篩檢。

2002 年憂鬱症篩檢日，號召校園守護天使一同關心憂鬱的朋友，與當時臺北市市長馬英九及衛生局局長邱淑媞一起宣誓，主動關懷身邊有情緒困擾的同學，並提供求助資源。

2003 年憂鬱症篩檢日，舉辦街舞比賽，呼籲青少年朋友除了要時時檢視情緒外，也要建立運動紓壓習慣。

2003 年憂鬱症篩檢日，於高雄舉辦「blue 的心亮起來」造勢活動，當時的董氏基金會執行長葉金川向民眾講解篩檢量表的使用方式。

2006 年憂鬱症篩檢日，以傾聽與陪伴為主題，設計系列宣導活動及拍攝影片，藝人葉歡及導演鈕承澤、義工孫越代言提出呼籲，提醒民眾要關懷身邊憂鬱的朋友。

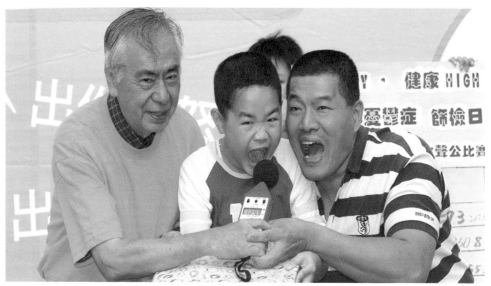

2004 年憂鬱症篩檢日，舉辦大聲公比賽，親子一起參與，用大叫釋放壓力。第一名的親子組與當時的董氏基金會董事長賴東明一同再次示範。

2004 年憂鬱症篩檢日，於高雄首次舉辦大型路跑活動，參與民眾超過2500 人，之後持續每年舉辦，參與響應民眾也越來越多，至 2012 年參與民眾已超過5500 人。

2008 年憂鬱症篩檢日，發表大學生憂鬱情緒自我檢視表提供大學生做為篩檢工具，自此民眾可以針對年紀分類選擇適合自己的篩檢工具，有效達成預防效果。義工孫越、心理健康促進諮詢委員朱英龍、當時董氏基金董事長賴東明、高雄市衛生局局長陳永興及心理衛生組主任葉雅馨一同出席呼籲。

2008 年憂鬱症篩檢日，高雄心理健康路跑，首次加入單車活動，呼籲民眾可以選擇不同類型的運動，都能有效紓壓。

2011 年憂鬱症篩檢日，千人雨中健走，跨越憂鬱。代言人鄭元暢、哈佛教授 John Ratey、當時臺北市衛生局局長林奇宏、健康運動聯盟理事長葉金川及董氏基金會執行長姚思遠共同呼籲民眾走出好心情。

2012 年憂鬱症篩檢日，於高雄舉辦的心理健康路跑邁入第八屆，當日超過 5500 位民眾參與，很多是祖孫三代同行，響應憂鬱症篩檢日。

講座、工作坊、研習、成長團體

　　自推動憂鬱防治工作開始，每年即針對不同的族群，設計不同形態的講座、工作坊、研習課程或成長團體等等，提供民眾免費參加。每個課程都是邀請專業人員授課，提供心理健康促進相關教材，使參與民眾能直接獲知憂鬱防治的正確資訊，同時了解憂鬱防治的重要性、相關求助資源管道等，每年參與超過上萬人次。

1999 年，於全台舉辦巡迴講座「讓藍天滿溢陽光」，除邀請專業人員直接與民眾互動外，並設計開場表演 - 憂鬱之舞，吸引民眾關注心理健康促進議題。

2000 年，《放輕鬆》有聲書出版，首次與書店合作，於開放空間舉辦講座，專業醫師、心理師擔任講師，同時教導民眾各式放鬆動作。

2002 年，舉辦「她為什麼不笑了：談女性憂鬱症」巡迴講座。延續前幾年講座形式，除邀請專業人員擔任講師外，亦邀請憂鬱症的康復者一同出席，透過不同角色的分享說明，讓民眾能從更多元角度認識憂鬱症及了解如何協助憂鬱的朋友。

2003 年起，分別以學校輔導老師、教官、導師等為對象，舉辦研習課程。2003 年培訓課程時間正值 SARS 大流行，但許多老師仍冒風險出席連續幾週的培訓課程。

2003 年起，於高雄開辦不同宗教服務人員的培訓課程，提供宗教服務人員憂鬱症之相關知識及求助資源，使其在第一線服務民眾時，能清楚辨識症狀適時給予協助。

2005 年，進行大學生憂鬱防治的主題工作，也特別針對教官開辦培訓課程。

2006 年，首次進入大專校園，舉辦「藍色記錄」校園影展。播放憂鬱症宣導短片及邀請導演、演員、專業醫師出席說明影片內涵及個人經驗分享，幫助大學生建立正確的憂鬱症認知及預防情感問題引起的憂鬱。心理健康促進諮詢委員朱英龍教授特別前往花蓮慈濟大學，提醒同學們要關心憂鬱防治的議題。

2001年起，開辦「喜相伴農村志工培訓計劃」，為期三年，以農會志工為對象，安排專業培訓，課程內容涵蓋心理衛生、助人技巧、照顧服務、區域資源轉介網絡等應用課程，提供其自我充實機會，配合當地實際需求，能給予民眾更完善的服務。

2005 年開始，除培訓輔導人員、教師之外，亦走入校園，舉辦校園情緒教育講座，每年舉辦場次超過 50 場以上，讓數十萬名的兒童、青少年可以透過觀賞影片、肢體放鬆動作教學及專業講師授課等形式，正確認識憂鬱防治觀念及建立有效紓壓習慣。

2010 年，舉辦微笑減壓列車兒童暨青少年情緒探索營，運用繪本、繪畫、肢體律動與相聲等課程設計，協助八八風災受災地區孩童、青少年走出災後心理創傷，建立正確情緒紓解方法。

2012年起,為幫助有憂鬱情緒困擾或有人際、工作壓力的民眾,開辦紓壓體驗工作坊,透過不同主題的授課、實作及分享,讓民眾學習正確有效的紓壓方式及透過網路建立聯繫系統,使其持續獲得支持。

2013 年，與屈臣氏合作關懷女性情緒議題，啟動「LOVE in HER 美麗新女力」公益計畫。屈臣氏台灣董事總經理 Toby、董氏基金會心理衛生組主任葉雅馨、活動代言人蔡淑臻與色彩心理學專家高祖寧共同呼籲大眾響應。

2013 年，與屈臣氏門市進行愛樂熊義賣，所得全部投入關懷女性情緒計畫。

2014 年，與遠傳電信合作，關懷兒童青少年心理健康，在校園中推動開口說愛，用心傾聽。

2012 年，企業紓壓日元年，董氏基金會董事長謝孟雄與合作的 23 家企業代表，代言人王心凌共同宣示，要關心上班族情緒問題，擊倒 Monday Blue。

企業紓壓日

自 2012 年起，為協助上班族緩解職場壓力及憂鬱情緒問題，訂定每年五月的第一個星期一為企業紓壓日，與多家企業合作，設計系列壓力紓解課程，讓上班族實際體驗紓壓各式技巧，並提供企業員工與家屬心理衛生相關資源。計畫推展 2 年以來，已舉辦超過 150 場次的紓壓體驗課程，有上萬名上班族受益。

企業紓壓日推廣計畫中，除了設計各式紓壓體驗課程外，並提供心理健康相關文宣及紓壓體驗專區，讓員工可以應用這些資料獲知正確的心理健康資訊並找到適合自己的紓壓方式。

2012 年，於中華電信公司舉辦的紓壓體驗課程，講師帶領學員練習肢體放鬆法。

2012 年，於聯華電子公司舉辦的紓壓體驗課程，講師除教導心理健康知識外，也讓現場學員倆倆互相練習按摩放鬆技巧。

2012 年，於大同公司舉辦的紓壓體驗課程，結合其高階主管會議一起進行，其董事長也特別下場與所有主管上拳擊有氧。

2013 年,企業紓壓日推廣第二年,合作企業數擴增為 25 家,參與過的企業都反應良好,並願意持續在企業內部推動員工紓壓方案。代言人翁滋蔓與合作企業代表共同宣示企業紓壓日開跑。

2013 年,企業紓壓日開跑記者會,所有合作企業的總經理們也親自下場與代言人翁滋蔓一起體驗一分鐘肢體放鬆動作。

2013 年，提供給企業的紓壓體驗方案有多樣選擇，而最受員工青睞的課程為經絡穴道按摩課程，老師除了提供心理健康知識外，並教導認識身體穴位及按摩技巧。

2013 年，因應企業需求，除提供紓壓體驗課程外，並開辦連續四週的工作坊，讓員工透過更多的互動分享，排解負向的情緒。

憂鬱預防及心理健康促進資源教材研製

為提升民眾對憂鬱防治的認知,心理衛生組每年研製開創不同的宣導教材及資源,讓民眾廣為接觸,並進而有興趣使用及了解。每年創造的資源包括書籍、宣導影片、動畫、單張、手

2000 年,經過多次拜訪,終於說服曾經罹患憂鬱症的孫翠鳳小姐代言拍攝廣告,透過其與夫婿的分享,讓民眾了解憂鬱症可以被治好,而且有家人陪伴是最重要的。圖為創辦人嚴道先生到拍片現場探班,感謝孫翠鳳夫婦的公益代言。

冊、海報、教案、紓壓小物等等,再透過不同形式的活動推廣應用,讓民眾不再害怕談憂鬱症,也提升求助意願。而製拍 30 分鐘宣導影片及教案設計,更是長期被教師在課程中應用做為心理健康教材。15 年來,累積的心理健康教材資源,包括 20 多本書、近 50 部動畫、影片、CF 及 30 多款的單張、手冊及海報。

2002 年,邀請李康宜及唐治平代言拍攝「17 歲的冬天」宣導影片,提醒青少年正視自己與周遭朋友的憂鬱情緒與憂鬱症問題,避免一時輕忽,形成莫大的遺憾。

2003 年，「下一次的微笑」憂鬱症防治宣導短片，由人氣偶像楊丞琳擔任女主角，以家庭支持憂鬱症患者的角度出發，提供憂鬱症症狀資訊，以及如何面對壓力的具體建議給社會大眾。記者會現場同時發布由知名漫畫家麥人杰首次為基金會創作的網路動畫。

2004 年，「當旋律再起」憂鬱症防治宣導短片，由藝人楊祐寧主演，目的在傳達預防憂鬱症復發，是需要家人及同儕的支持系統，並適時介入專業醫生及輔導人員的協助，給予支持與關懷。

2005 年，「記錄」憂鬱症防治宣導短片，改編自「愛情風味館」劇本小說徵選比賽特優劇本，由鈕承澤執導，知名藝人彭于晏、張鈞甯、阿BEN 主演，並以蘇打綠樂團的音樂作為配樂。主角以口述的方式記錄事件、情緒的變化，呈現憂鬱與憂鬱情緒的區分線索，提醒民眾與學校師生一旦發現徵狀，能立即給予有效的協助。

2007 年，「傾聽就是一種陪伴」公益廣告由周杰倫代言拍攝，呼籲民眾要關心周圍有憂鬱症或憂鬱情緒的朋友，而傾聽就是一種最好的方式。

2009 年，「黑潮」憂鬱防治宣導影片，由鈕承澤導演，黃鴻升（小鬼）及初家晴主演。呼籲大家重視青少年憂鬱現況與了解其主觀壓力源，提醒青少年在遭遇情緒問題時，能夠就近尋找協助。

2009 年起，陸續邀請百位不同領域有影響力的領導者（如董事長、執行長、總經理、校長等），接受訪問、錄製宣導短片分享運動紓壓經驗。邀請美吾華懷特生技集團董事長李成家、和泰興業董事長蘇一仲、和成欣業董事長邱俊榮、台灣汽車冷氣總經理游倫輔及董氏基金會董事長謝孟雄出席座談，希望藉由各界領導者的呼籲，讓大家更重視運動對於紓壓的幫助。

2012 年，「16 歲，那年」憂鬱症防治宣導短片，由郭靜及周詠軒主演。本片探討青少年面臨到同儕相處、感情困擾與課業難題時，該如何面對與調適，要傳達「現在不等於永遠」的概念。

2012 年,「以為」10 分鐘宣導影片,由邱勝翊(王子)主演,提醒青少年遭受挫敗或壓力事件時,不要急著下判斷,不要急著「以為」,許多事情有意想不到的解決方式。這也是首次透過網路傳播影片,讓民眾透過更便利的平台觀看及應用。

2012 年,邀請名導演葉天倫執導微電影,由張鈞甯、隋棠、柯佳嬿、九把刀、六月、Alin、郭子乾、王小棣、陳漢典、嚴藝文等十位名人參與拍攝。提醒民眾重視憂鬱症及用傾聽陪伴憂鬱的朋友。

2013 年，完成拍攝百位領導者運動紓壓的影片，並剪輯一部三分鐘精華影片，舉辦發表記者會，讓民眾了解「再忙的人都找得到時間運動」。邀請包括（右起）陽明海運董事長盧峯海、中華民國醫師公會全國聯合會理事長李明濱、天成醫療體系董事長張育美、董氏基金會董事長謝孟雄與和泰興業董事長蘇一仲等五個不同產業領導人，現身分享個人運動紓壓經驗，呼籲不論是即將踏入職場的大學生或是上班族，不要為不運動找藉口，而是為自己找一個運動的理由。

自 1999 年推動憂鬱防治工作以來，即首創憂鬱症防治網站，提供給民眾憂鬱防治資訊及線上篩檢與諮詢等，在 yahoo、google 二大搜尋引擎鍵入關鍵字「憂鬱」或「憂鬱症」，心衛組網站排名皆在三名之內。2012年創建華文心理健康網，除原有服務外，新增工作壓力檢視工具、「職得快樂忘憂網」、「運動紓壓網」等服務。同時整合華人地區心理健康資源，讓各地華人都能找到當地適當的求助資源。

各式憂鬱情緒紓解創作徵選活動推廣

　　為讓民眾了解建立紓壓習慣的重要性，同時要選擇適合自己的紓壓方式，不定期舉辦各種類型，包括短文、海報、四格漫畫、影片、繪畫、攝影、網頁、短文等徵選比賽，藉由比賽活動的推廣，讓民眾嘗試思考情緒與壓力的議題，會如何呈現於作品中，同時也藉由參賽者作品展現，吸引更多民眾關注憂鬱防治及適時紓壓的議題。

2001 年，首次舉辦「ㄏㄨㄚˋ 心情」兒童繪畫比賽，讓孩子學習用圖畫的語言畫出心裡情緒，用簡短的文字或新詩方式說出心中感受，協助孩子適當地紓解情緒與壓力，對其心理發展及情緒管理產生正面積極意義。

2003 年，「憂鬱情緒紓解教案設計比賽」，這是國內第一次以憂鬱情緒紓解為主題而設計的教案比賽，藉由徵選優良的情緒紓解教學活動，分享教學經驗供全國教師參考，也提供給青少年學生具體有效的憂鬱情緒紓解方法。同時舉辦憂鬱情緒紓解教案觀摩教學記者會，由獲得教案比賽特優獎項的老師到學校示範教學，藉由媒體報導，讓學校老師了解如何使用憂鬱情緒紓解教案及獲取相關訊息。

2004-2005 年，「ㄏㄨㄟ、心情～憂鬱情緒紓解兒童青少年繪畫創作徵選比賽」首次跨區域，同時於寧波市舉辦，讓兩岸孩子學習用圖畫的語言畫出心裡情緒，搭配文字說出心中感受，協助其適當地紓解情緒與壓力。另分別透過展覽，讓民眾從中了解孩子表達情緒不同的方式。

2005-2006 年，舉辦自殺防治四格漫畫創作比賽，讓讀者從輕鬆的漫畫創作中，體驗另一種詮釋生命的角度，接收作者們對生活的熱情，轉化為自己的能量。

2005 年,舉辦忘憂大募集--「心情,原來可以很colorful」心情圖文創作、「忘憂處方箋」解憂短片及「憂鬱遠走,心情起飛」網頁比賽,以大學生為主要宣導對象,鼓勵其對情緒議題的重視,並能藉由創作紓解情緒壓力。

2005 年,「喜劇之王~憂鬱情緒紓解」創意話劇比賽,首次舉辦話劇比賽,讓青少年透過創意表演,秀出對憂鬱症及憂鬱情緒的看法,藉以傳遞適時紓解憂鬱情緒的觀念。

2013 年,「Blue go away」憂鬱情緒紓解海報徵選比賽,鼓勵青少年及成人畫出自身紓解情緒與壓力的方式,參賽作品近千件,最後決賽由不同領域專業人士,評選出得獎作品,並運用做為宣導海報。

運動紓壓方案推廣

　　自 2009 年底起，除原有的憂鬱防治系列工作外，開始積極向民眾推廣「運動是不憂鬱的良方」，鼓勵民眾建立運動紓壓習慣，包括在校園中推動跑步、跳繩運動，同時結合公益募款概念，增強學生培養運動紓壓習慣的動機。同時也舉辦各式大型宣導活動及邀請各界領導者分享運動紓壓經驗，讓民眾透過直接參與體驗不同形態的運動，為自己找到運動的理由。

2010 年，邀請多位企業總經理、鈕承澤導演、葉金川前署長與現場百多位民眾一同沿著台北市河濱自行車道騎乘單車，共同運動紓壓。

2010 年「樂動小將養成計畫」是推廣運動紓壓活動的一個重要開始，希望學童、青少年能成為快樂運動、樂於助人的小將。每階段至少與十所國、中小學及企業合作，只要每位參與者在學校操場跑一圈，認養該學校的企業就贊助一元給董氏基金會，募得款項將用於憂鬱症防治暨心理健康促進計畫。期以小將的身軀表現出大將的風度，進而帶動大眾運動及投入社會公益的風氣。

2010 年，「快樂，自在走」心理健走活動，於高雄舉辦，邀請有心理疾病困擾的民眾及一般民眾一起走出戶外，體驗運動對促進身心健康的好處，用運動改善負向情緒。

2011 年～ 2012 年，除原在小學、
國中推動的樂動小將養成計畫外，
另於全台高中職推動樂動少年養成
計畫，鼓勵青少年也要運動做公
益，增強自身抗壓性。在運動項目
部分，除持續推動跑步外，之後
也陸續增加騎腳踏車、打籃球等項
目，呼籲青少年可從事多元運動。
每年也邀請知名藝人，如葉天倫、
劉品言、吳克羣、小鬼（黃鴻升）
等代言，引起青少年參與動機。

2011 年，邀請 NBA 球星林書豪代言，呼籲青少年朋友不要因為唸書而減少運動，再忙的生活都要為自己找出運動時間。

林書豪給參與 PK 投籃紓壓活動的金甌女中學生擁抱鼓勵。

2011 年，邀請九把刀代言樂動少年養成計畫，除定期統計同學跑步圈數外，為鼓勵同學增加跑步圈數，每學期設計不同主題活動，包括靜態社團競賽、高三同學計步器比賽、女生跑步圈數累計比賽等等，藉此吸引青少年參與，以培養運動紓壓習慣。

2012 年，樂動小將養成計畫推動第三年，第五階段開跑記者會上同時發表臺灣第一本運動活腦工具書：「大腦喜歡你運動」，指導讀者 DIY 量身打造自己的運動計劃。代言人米可白與所有來賓共同宣誓本學期目標，並提醒大家「大腦喜歡你運動」。

2012 年，樂動小將養成計畫，合作學校都開始發展各校特色推廣活動，例如：江翠國小舉辦六年級畢業生四公里路跑賽！

2013年，樂動小將養成計畫與樂動少年養成計畫合併為樂動校園推動計畫，持續於小學、國中及高中職推動，鼓勵同學養成快樂運動、參與社會公益的習慣。同時邀請更多企業參與認養，以實際行動關懷學校與社區的心理健康議題。代言人陳庭妮和來賓、同學們宣誓「用運動進擊負向情緒」。

2012年，與大臺北地區五所學校合作跑跳好心情跳繩運動推廣活動，鼓勵孩子建立跳繩運動紓壓習慣。同年12月舉辦大型跳繩推廣活動，千位小朋友、家長一同挑戰跳繩波浪舞，參與多項跳繩闖關活動。

浩角翔起示範雙人跳繩，跳出好心情。

2013 年，跑跳好心情跳繩運動推廣計畫第二年開跑記者會，活動代言人浩角翔起與同學一起挑戰多人跳大繩。

2013 年,跑跳好心情跳繩運動推廣計畫第一年成果發表記者會,代言人浩角翔起與學生同樂,舉辦頒獎活動,五校師生的跳繩累積次數,共累積超過一億六千萬下。

2013 年,跑跳好心情跳繩運動推廣計畫第二年,12 月初於中正紀念堂舉辦大型宣導活動,超過 1230 組親子一同挑戰同向雙人跳 123 秒。創造臺灣跳繩活動新紀錄。

心理衛生組未來展望

　　心理衛生組工作從預防教育的角度切入，提醒民眾要隨時檢視自己的情緒，適時求助，並結合政府、輔導、醫療衛生單位，建立從教育宣導、輔導到治療的憂鬱症防護網。未來仍以此方式繼續推廣，希望能一直站在教育宣導的角度，應用有限的資源，結合大眾傳媒的力量，轉化民眾的觀念，去除對心理疾病的不安，使憂鬱症「去汙名化」及建立運動紓壓習慣，讓民眾瞭解憂鬱症可以尋求專業協助、可以治療。

　　同時持續整合及提供民眾憂鬱症相關資料、持續接受民眾諮詢。與學校及相關單位更密切合作，成為憂鬱症共同照護及自殺防治網絡：除原有的社會宣導層面，也會積極拓展與各個團體（校園）的聯繫合作，及對不同性別、年齡等分眾群正視「憂鬱症」及心理健康預防促進的觀念。

　　另外也要促請政府從政策面著手，除對高危險群的追蹤治療、輔導體系的建立，加強社會上的預防教育宣導。

心理衛生組大事記

1990 年 「小紳士小淑女放眼天下～海外見學」開辦，歷年到訪的國家有：日本、美國、澳洲、紐西蘭、德國、法國等，並與當地學校進行交流會。

1991 年 開辦「小領袖培養營」，安排系列概念性課程及成長團體，培養其自信、獨立及良好的溝通能力，不但能服從別人的領導，也能成為一位受人歡迎的領導人才。

1992 年 開辦「公益小尖兵」，希望在孩子正值思考、探索及成長的階段，讓他們身體力行公益、學習關懷社會，成為推廣公益的種子隊伍。

1994 年 「快樂成長營」於宜蘭香格里拉營地舉辦，以營隊活動的方式，教導小朋友增加對公益使命的認同、彼此的凝聚力，分享成長經驗與對環境的關懷。

1995 年 「小兵歸隊」活動舉辦，對歷年來參與兒童成長活動的學員進行定期追蹤，邀請學員回基金會共聚一堂；在活動中增加對公益使命的認同，增加彼此的凝聚力，分享成長的過程及對社會的關懷。

1996 年 「兒童、青少年日常生活及情緒現況」發表調查結果，發現三分之一的兒童青少年常常感到不快樂，容易煩惱、無聊和失望；另有三成六的兒童青少年覺得經常承受莫大的壓力。

1997 年

「愛我們的孩子」座談暨發表會舉辦，邀請李登輝前總統帶領二十九個心理衛生單位共同呼籲社會大眾關心自己及兒童青少年的心理健康。

「關懷兒童青少年所面對的心理健康問題調查」結果發表：48.3％的民眾不滿意目前所屬的社會環境，51.8％的民眾認為影響兒童青少年心理健康最大因素來自於社會環境。

1998 年

「減壓列車」開辦，設計一天的主題課程，包括大課程、情緒溫度計的檢視、小團體的討論，傳遞兒童青少年情緒紓解的概念，讓兒童青少年體會情緒是什麼，並學習減輕壓力的不同方式，提醒情緒紓解、減輕壓力的重要性。

「怒氣與健康現況調查」發表，讓民眾了解憤怒情緒及健康之關係，結果發現高達六成二的人平均每週發怒一次，每七人中就有一人每天都在生氣。

1999 年

「正視憂鬱症－樓梯篇」CF 發表及第一份宣導單張、手冊－「別讓憂鬱變成病」出版，呼籲社會大眾重視與關懷廿一世紀三大疾病之一的「憂鬱症」，也開始與各大便利超商業者合作，於門市擺置相關文宣品，提供民眾索取。

11 月，舉辦「向憂鬱 say goodbye」大型情緒紓解活動，包括設計跑步、跳舞、溜直排輪、打拳擊、大叫等活動方式，提醒民眾以多元方式來擺脫憂鬱情緒。

2000 年 10 月，倡立「憂鬱症篩檢日」，訂定為每年十月的第二個星期六，與全台醫療衛生單位及社區心理衛生中心合作，舉辦系列宣導造勢活動，提供民眾憂鬱情緒的篩檢工具及認識憂鬱情緒、憂鬱症之相關資料，藉此呼籲民眾正視自己的心理健康及達到預防之效。

2001 年 4 月，「正視憂鬱症」CF 發表，孫翠鳳代言拍攝，提醒民眾時時注意自身及周邊朋友的壓力與情緒問題，以及強調罹患憂鬱症要勇於接受治療的觀念，以便及早遠離憂鬱症的困擾。

7 月，「ㄏㄨㄚˋ 心情」兒童繪畫比賽舉辦第一屆，讓孩子學習用圖畫畫出情緒，用簡短的文字或新詩方式說出心中感受，協助孩子適當地紓解情緒與壓力。

7 月，開辦「喜相伴農村志工培訓計劃」為期三年，以農會志工為對象，安排專業培訓，課程內容涵蓋心理衛生、助人技巧、照顧服務、區域資源轉介網絡等應用課程，提供其不斷學習、充實的機會與空間，並配合實際需求而能給予當地民眾更完善的服務內容。

2002 年 9 月，「青少年憂鬱情緒自我檢視表」出版，這是國內第一份以青少年為對象設計的憂鬱情緒自我檢視量表，提供 12 至 18 歲青少年檢視自身情緒狀況。

10 月，董氏基金會南部辦公室成立，以憂鬱症防治及心理健康促進工作為主。

2003 年 7 月，舉辦「憂鬱情緒紓解教案設計比賽」，這是國

內第一次以憂鬱情緒紓解為主題而設計的教案比賽。

9月，「離開一下，再出發」CF發表。由葉金川代言拍攝，藉由其專業的形象及參與SARS防治的背景，澄清及穩定民眾對SARS的焦慮與恐慌，提醒民眾要適時解壓。

2004年 4月，「憂鬱青少年向陽計畫」公益募款開跑，由人氣偶像蔡依林代言，邀請大眾共同關心憂鬱青少年，捐款促成「憂鬱青少年築夢計畫」、「憂鬱青少年Dream Land」、「校園憂鬱症防護支援網建置」等活動的執行。

2005年 3月，「愛情風味館」憂鬱症宣導短片劇本小說徵選比賽，首次以比賽形式徵選憂鬱症防治宣導短片的劇本，讓社會大眾思考憂鬱症防治議題如何透過影像呈現，獲獎作品並改編拍攝成憂鬱症防治宣導短片。

9月，「憂鬱青年向陽計畫募款」開跑記者會，與7-ELEVEN合作募款，演員張震代言，邀請大眾共同關心憂鬱青少年，捐款建構校園憂鬱症防護支援網及憂鬱青、少年情緒處理站。

10月，「全民來加油，微笑齊步走」心理健康路跑活動為南部憂鬱症篩檢日主題，由奧運跆拳道金牌國手陳詩欣代言，宣導憂鬱情緒紓解，提醒民眾正向思考。

2006年 9月，「傾聽與陪伴」三分鐘宣導影片發表，以關心憂鬱症患者角度出發，邀請藝人葉歡、鈕承澤、楊丞

琳、孫越拍攝，分別述說自己罹患憂鬱症與陪伴憂鬱症患者的經驗。教導民眾如何陪伴有憂鬱症或嚴重憂鬱情緒的朋友，以及尋求專業協助的重要性。

2007 年

4 月，「守護生命」七大宗教談憂鬱症暨自殺防治座談記者會，為讓民眾了解宗教團體在憂鬱症防治及自殺防治工作上的努力及所提供之服務，邀請七大宗教團體領袖代表出席座談會，呼籲大眾共同守護生命，正視憂鬱症與自殺防治。

7 月，「傾聽就是一種陪伴」公益廣告發表記者會，由周杰倫代言拍攝，呼籲民眾要關心周圍有憂鬱症或憂鬱情緒的朋友，而傾聽就是一種最好的方式。

7 月，「青春抗鬱、快樂延續」演唱會，首次以演唱會形式進行宣導，邀請多位知名歌手或樂團共襄盛舉，提醒青少年正視自己的情緒，適時紓壓。

10 月，「關注憂鬱」為寧波市第一屆憂鬱症篩檢日的主題，董氏基金會與寧波市跨區域合作，透過宣傳與構建憂鬱症防治平台，提升寧波市民對心理健康及憂鬱症防治的知識。

2008 年

4 月，「校園天晴—憂鬱症防護支援網模式建構」公益募款開跑記者會，邀請藝人周杰倫代言。呼籲民眾關心憂鬱青少年，募得款項用於校園憂鬱症防治宣導工作。

10 月，「董氏憂鬱量表—大專生版」出版，這是國

內第一份以大專生為對象設計的憂鬱情緒自我檢視量表，提供 18 至 24 歲的大專生檢視自身情緒狀況，並介紹各類自我調適情緒的方法及呈現心理衛生相關網路資源。

2009 年 5 月，「日子難過，別讓心也難過」座談記者會，由衛生署長葉金川入鏡拍攝，關心待業朋友，提醒家人及待業朋友別忽略自己的心理健康，仍要適時紓壓，同時發表「爸爸失業了」宣導動畫，告訴孩子怎麼陪伴失業的親友。

2010 年 3 月，「樂動小將養成計畫」第一階段開跑記者會，邀請藝人楊祐寧代言及十所國、中小學及企業響應支持，學校師生每跑操場一圈，企業就捐贈一元支持董氏基金會的心理健康促進及憂鬱症防治工作，讓運動紓壓的習慣從小扎根，也藉由全校師生的推動，延及社區，讓民眾更了解心理健康與運動的重要性，同時做公益。

3 月，「單騎追風，運動紓壓」記者會，邀請葉金川、名導演鈕承澤及一群企業領導人，與民眾一同沿著臺北市河濱自行車道騎乘單車，透過企業界領導人的參與及呼籲，提醒民眾一起投身運動，紓解壓力。

10 月，「微笑減壓列車」兒童暨青少年情緒探索營，運用繪本、繪畫、肢體律動與相聲等課程設計，協助八八風災受災地區孩童、青少年走出災後心理創傷，

建立正確情緒紓解方法。

2011 年　2 月，「運動紓壓，決定快樂」樂動少年養成計畫開跑記者會，延伸在國中、小舉辦的「樂動小將養成計畫」，在全國 20 所高中職推廣「樂動少年養成計畫」。

8 月，「給自己運動的理由」記者會，NBA 球星林書豪、歌手吳克羣向三百多位青少年分享如何保持運動習慣，並一同進行投籃趣味競賽。

2012 年　2 月，「大腦喜歡你運動」記者會，公布樂動小將養成計畫活動開跑，本階段參與師生數達兩萬兩千多位。會中同時發表臺灣第一本運動活腦工具書：「大腦喜歡你運動」，指導讀者 DIY 量身打造自己的運動計劃。

5 月，「Blue monday, Go away」企業紓壓日元年活動開跑，提醒上班族朋友重視職場壓力，學習適時紓壓，訂立每年五月的第一個星期一為「企業紓壓日」。

5 月，成立「華文心理健康網」；提供全球華人心理健康的網路服務。

10 月，發表公益微電影「請聽」，邀請名導演葉天倫執導，並由張鈞甯、隋棠、柯佳嬿、九把刀等十位名人參與拍攝。提醒民眾正視憂鬱症及用傾聽陪伴憂鬱的朋友。

12 月，「親子跑跳好心情・活力跳繩家庭日」跳繩運動紓壓暨體適能推廣活動，代言人浩角翔起和近兩

千名親子一同成功挑戰樂動跳繩操及跳繩波浪舞。

2013 年 4月，「百位領導者運動紓壓分享」暨影片發表記者會，邀請不同產業企業領導人分享個人運動紓壓經驗，呼籲不論是即將踏入職場的大學生或是上班族，再忙也要運動，絕對有助促進個人身心健康。現場首度公開播放「百位領導者運動紓壓分享」精華版影片。

12月，「Happy Jumping 親子跳繩紓壓日」跳繩運動紓壓推廣活動，由代言人浩角翔起與職棒好手林智勝帶領現場近四千名親子，完成 123 秒「同向雙人跳」的新紀錄。

美麗的憂鬱，溫柔的陪伴

文／葉雅馨（董氏基金會心理衛生組主任）

伏案多時，思考總停駐在許多生動的片刻，感觸感動蜂湧而來，卻久久無法下筆。董氏 30 年，也是自己在這個工作 30 年，隨著工作的挑戰與成長，我也由初出社會的新鮮人、再進修、戀愛、結婚、育二女……，一一進行著。對我而言，在董氏不只是份工作，也是生命中另一個家，讓我有著一份依賴與責任。

心理衛生組在民國 73 年董氏成立時即有，當時主要是針對小眾群體，除病童、社會事件創傷的心理關懷、也著重兒童成長活動，進行往下扎根的教育工作，如「小領袖培養營」、「兒童青少年海外見學」、「公益小尖兵」、「情緒系列體驗課程」……。

民國 85 年起，才走回大眾宣導的形式以情緒紓解、壓力調適為題。民國 88 年底，有了嘉隆企業朱英龍董事長的投入，我們得以更有系統、有計劃的進行憂鬱症的防治與心理健康促進。成立心理健康諮詢委員，每個月一次，長達近十年專業的討論會，讓每個教育宣導活動、影片、公益廣告、各式宣導單張、書籍、網站、研究，不單創意多元，有了專業的檢視而更成熟。

民國 89 年創立「憂鬱症篩檢日」（每年 10 月的第二個星期

六），接著朱董事長也促成和大陸寧波的各項合作交流方案至今，讓寧波成為全中國大陸心理健康促進城市的先驅。

民國98年，除持續憂鬱症防治系列，不只從疾病預防、發現，提醒治療的角度，開始積極於養成良好習慣及心理健康促進，推動運動紓壓系列：從各界領導者共同帶領響應，到「樂動小將」、「樂動少年」、「樂動校園」，同時創立「企業紓壓日」（每年五月的第一個星期一）。

我想，二十一世紀因為網路、雲端科技改變原來人類生活的步調，而基因圖譜的排序，在延長人類壽命的過程中，使我們有更多機會探索內心世界，特別是世界衛生組織已預見2030年憂鬱症將超越心血管疾病，成為造成社會疾病負擔的第一位。但誰說憂鬱非得是負面的代名詞，或許有一天，是可以被變成正向美麗的。

這些年來，慶幸有愈來愈多為心理衛生工作努力的單位、醫療院所和我們共同努力；感謝不同領域專業學者的合作，嘗試各種宣導的切入點與方式，讓我們在憂鬱症防治與心理健康促進的路上，一點都不寂寞。同樣的，我們會繼續陪著因憂鬱症而苦的朋友一起走過人生的低潮。非常喜歡曾任董氏基金會董事長與執行長黃鎮台的一句話：「人生的美好，就在永遠有明天！」。

是啊！此刻，不過是董氏基金會第一個30年，未來的許多個30年，確信仍會有董氏的心理健康促進，溫柔的陪伴。

【第五部】
公益路上的分享與祝福

　　30 年來，董氏基金會感謝有你的鼓勵與支持，陪我們一點一滴的成長。

　　在公益的路上，守護全民的健康，是董氏基金會永遠的堅持和承諾！

　　本單元感謝各界名人贈言寫下與董氏基金會互動的分享（依姓氏筆劃順序排列），也感謝各界對基金會的期許與祝福。

我的期許

我的期許，也屬於你
尊重生命，愛惜自己
菸害防制，蔚成風氣
無菸的世界，最是美麗
體內環保先從飲食來做起
捐贈器官喜捨不遲疑
人間沒有憂鬱
處處充滿活力
大家有健康
才是生命的真諦
我的期許，也屬於你
尊重生命，愛惜自己
人間充滿大愛
生命永遠燦爛美麗

（創辦人嚴道在董氏基金會成立初期，寫下給董氏
基金會及全民的期許）

力挽菸害狂瀾的巨人

丁守中（立法委員）

　　在臺灣的菸害防制史上如果要論功授勳，那董氏基金會董事長嚴道先生應該獲得青天白日勳章。在那洋菸受到美國國內反菸害的抵制，而向亞洲及臺灣傾銷的時代，嚴董事長最具有先知卓見，他及時喚起國民菸害防制意識的覺醒，他出錢出力，親自站上拒菸的火線，鼓動風潮，造成時勢，形成強而有力的反制菸商社會運動。在臺灣的菸害防制史上，靠著嚴董事長的人格風範與社會公益形象，才有辦法號召社會上各醫學與公益團體共襄盛舉。有他鍥而不捨的努力，才能集結民間與立法部門莫之能禦的強大反菸力量，終能戰勝菸商的強大金錢收買與廣告。

　　我與嚴董事長結緣，始於我應邀去臺北仁愛扶輪社演講，當時他以前社長身分代表致辭，他對我鼓勵有加，他已是媒體上反菸的名人，我向他請益推動菸害防制的理念與緣起，他的無私與對國人健康的關懷令我感動。我因小學時期曾在公車上被吸菸者的菸頭燙傷，也有反菸的強烈共識，當天在扶輪社的餐會上兩人相談甚為投契，他邀請我加入扶輪社，因他兒子與我年齡相仿，我因此尊稱他嚴伯伯。在我第一次投入立法委員選舉時，他在扶輪社中幫我號召社友出錢出力，當選立法委員後，我自然也以協助嚴伯伯扛起菸害防制做為我的使命。

　　在嚴董事長的精神感召上，我們都成了菸害防制的志工，也因此，我有幸成為菸害防制法兩次民間版草案的提案人，我也全

力協調立法委員同僚的支持。兩次菸害防制法立法與修法能夠通過，各個立法委員都是受到嚴董事長的精神感召。菸害防制需與時俱進，它是一場永不止息的菸草戰爭，如今嚴董事長雖辭世十年以上，但他的精神仍持續砥礪著我們在禁絕菸害、維護國民健康的道路上再接再厲！

全民健康，董氏敬禮！

王念慈（大好工作室負責人）

提到董氏基金會，便想念起老董事長嚴道先生。而他生前最常提到的逸事便是，他與董氏不可分割的關係。當時，許多初見面的人，劈頭會稱他「董先生」；三十年來，董氏基金會正是由這一群承續著嚴董事長創建時「促進國民身心健康，預防保健重於治療」使命宗旨的無數「董先生」、「董小姐」們竭盡心力與熱情投入，不論在無菸環境、身心健康、食品安全等各層面，他們的努力徹底改善了我國國民的生活品質，讓世界感覺到臺灣社會完全不一樣的改變。謹向這群「董氏」家族的成員致最高敬意與賀忱！

樂見臺灣及寧波攜手推展憂鬱症防治

朱英龍（前臺大機械系教授、嘉隆實業董事長）

我和董氏基金會的結緣始於 1998 年，當時我正在找一個民間團體，能向全民教育及推廣憂鬱症防治的理念。知道董氏基金會的工作之一是促進國人的心理健康，於是數次拜訪基金會創辦人嚴道董事長，雙方都認為憂鬱症防治在臺灣已是急迫及需要被重視的議題，因此從 1999 年起，我加入董氏基金會心理健康促進工作的行列。

之後，我積極參與心理健康和憂鬱症防治小組方案的工作。2000 年，董氏基金會創立了憂鬱症篩檢日。2001 年，我介紹寧波市衛生局、教育局及寧波大學與董氏基金會合作，開辦寧波市心理健康促進工程。

我相當高興看到臺灣及寧波相關單位努力推展防治憂鬱症，民眾對此議題的關注日益提升，也希望董氏基金會進行憂鬱防治教育工作持續推進，讓國人不再為憂鬱症所苦。

往另一個 30 年邁進

江宜樺（行政院院長）

董之英先生與嚴道博士於 1984 年 5 月 19 日共同創立「財團法人董氏基金會」，一轉眼 30 個年頭過去了，感謝基金會以推動

健康事業為宗旨，為臺灣社會貢獻及付出，尤其協助行政機關推動菸害防制相關工作的表現極為出色，並積極運用民間團體的力量，影響國際友人，讓臺灣有機會在國際防制菸害的潮流中發光發熱，功不可沒。

本人長期支持並推動菸害防制，於內政部部長任內，也曾與衛生福利部（前本院衛生署）及董氏基金會聯手發起「拒絕違法販售菸品——需要您的支持」活動，一起為孩子及全民打造無菸害的環境。恭喜董氏基金會歡慶 30 歲生日，也祝福基金會百尺竿頭更進一步，往另一個 30 年邁進。

對的事，終會獲得多數人認同

吳伯雄（董氏基金會終身義工）

我以前當過公賣局局長，還是業績最好的局長，賣菸又賣酒，因為能為國家帶來收入，所以是很重要的工作，而我自己也能吸、能喝，後來當了內政部長、臺北市長，所以被嚴道先生鎖定，當成菸害防制的目標。

當時嚴道先生對我軟硬兼施，在硬的方面，他告訴我身為臺北市首長，吸菸的鏡頭上了電視，對青少年是不好的示範；軟的方面，則告訴我身體是國家的，為民服務要有健康的身體。一開始我認為「吸菸是我的自由，你怎麼能管我」？隨後卻非常佩服嚴道先生的熱情與勇氣，於是在 1992 年的六三禁菸節宣布戒菸，

也因為媒體都報導了，只能堅定信念做到底，爾後不僅戒了菸，也繼師兄孫越、師姊陳淑麗後，成為董氏基金會第三位終身義工。

嚴道先生是一位非常有遠見的人，早在 20 幾年前就發起亞太地區拒菸協會，結合亞太地區國家的拒菸團體，一起面對國際貿易施壓，共同對抗菸草公司的行銷；2007 年更進一步建立了兩岸四地的交流平台，讓 13 億華人的菸害防制並肩前進。

我從嚴道先生及師兄師姐身上學到一件事：只要是對的事，最後一定會獲得多數人的認同，就像董氏基金會推動公共場所禁菸，三十年前多少人反對，甚至覺得不可思議，現在卻成為 WHO 及我們國家的政策。

推廣運動紓壓，看見孩子們的活力

吳昌錫（鉅仁企業總經理）

畢業多年後，能再回到母校，與小小學弟妹們一起跑步互動，這是我沒預想過的場面，而這樣的機緣來自與董氏基金會合作的樂動小將養成計畫。

2011 年，因為扶輪社社友的引薦，我參與了董氏基金會推動的運動紓壓計畫，認養我的母校臺北市太平國小，鼓勵我的學弟妹們培養運動紓壓的習慣，同時做公益，只要他們每跑一圈 200 公尺操場，我就代表他們捐 1 元給董氏基金會進行憂鬱防治工作。

活動執行階段，我還受邀到學校頒獎給跑步累積次數最多的

同學們，看到孩子們所散發出來的活力朝氣，臉上開心的笑容，我深深感受到這個計畫執行與被推廣的重要意義，也期待董氏基金會這個計畫能持續推展，越來越多學校、企業一起參與，讓更多學子受惠。

讓社會充滿正向氛圍

李成家（美吾華懷特生技集團董事長）

2009 年我受董氏基金會心理衛生組之邀，拍攝影片分享運動紓壓的經驗，這是我與董氏基金會的第一次接觸，也才知道董氏基金會除了做菸害防制，還有進行憂鬱防治及推廣運動紓壓。這是我感興趣的，一方面，我本身就有運動習慣，每日要走 5000 步以上，假日去郊外走走，每周 2 次體適能運動，每次 1 小時。年輕時我是桌球省運選手，我深深感受到運動對維持心理健康的重要。另一方面，我一直覺得能正面思考的人，遇到挫折和打擊，也比較有能力轉化成激勵的動力，所以我非常樂意支持董氏基金會心理衛生組的工作。

我自己一直希望退休後到行天宮去解籤詩，藉由三言兩語、正向看問題，化解別人的困惑，讓對方帶著歡喜心而去，也希望董氏基金會心理衛生工作的未來發展和我的心願一樣，都能讓國人心理更健康，社會中充滿正向的氛圍。

共同促進國人心理健康

李明濱（台灣自殺防治學會、憂鬱症防治協會創會理事長）

身為一個精神科醫師，我長期關注臺灣民眾的心理健康，並致力於國人的自殺防治工作，因此長久以來就與董氏基金會心理衛生組有密切之互動，每年總會在不同的活動上進行合作或商議促進民眾心理健康的方案。

近年，董氏基金會心理衛生組除原本的憂鬱症防治教育宣導，特別推出運動紓壓做為推廣心理健康促進的主軸；我曾應邀拍攝短片與出席記者會分享個人運動紓壓經驗，我相當認同這種預防方案的推動，的確能有效幫助個人改善負向情緒。

孔子曾說：「三十而立」，董氏基金會創立至今，正邁入 30 周年的重要階段，除了對基金會長年推動國人身心健康促進活動表達最高的敬意外，也要祝福基金會其心理衛生工作未來能蓬勃發展，共同為促進國人的心理健康持續努力。

有董氏，國人好幸福！

李鳳翱（均衡法律事務所所長）

有一回在嚴道博士的生日餐會上，剛好坐在他老人家旁邊，大夥談到做公益的事，認為應該要「分秒必爭」，結果嚴董事長有感而發地說，他已經沒有「分秒必爭」的餘地，而是要「秒秒

必爭」。聽了，真是令人動容，因為他老人家病痛在身，但「秒秒不忘」公益，可見其心之堅、其意之定、其行之遠、其效之大，果真如林則徐一般「點幾盞燈，為乾坤祈福；擊三聲鼓，代天地行威」的偉大。所以，董氏基金會成就了菸害防制、維護了國人食品營養的健康及心理的健全。

最後一定要說：「有董氏，讓我更懂事」──懂得遠離且不製造菸害，懂得吃得健康、安全、營養及環保，同時懂得不憂鬱且有高 EQ。有董氏，國人好幸福！

攜手為食品安全把關

沈立言（台灣食品保護協會理事長暨臺灣大學食品科技研究所教授）

董氏基金會食品營養組長年深耕於校園及整體社會風氣營造工作，本人也有幸多年來擔任校園食品諮詢委員，與基金會共同推動校園健康飲食環境營造、以及與民眾息息相關的食品安全議題與食品相關政策。

2013 年本人也代表臺灣食品保護協會（國際食品保護協會臺灣分會）邀請董氏基金會協辦亞太食品安全會議，期望能為提升食品安全水準努力！

欣聞基金會 30 週年，期盼基金會未來能持續加油、精益求精，共同為飲食以及食品安全把關。

董氏基金會生日快樂

周逸衡（高雄醫學大學通識教育中心主任兼
人文社會科學院院長）

　　董氏基金會是個規模不大的基金會，卻是個影響力極大的
NPO 組織。她的影響力不是來自她基金的孳息很多，也不是因為
她的政商背景很強，而是因為她對於理念的堅持，是因為她擁有
一群對理念有高度認同、而且全心投入的工作同仁。

　　多年來董氏基金會在菸害防制、憂鬱症防制及校園食品健康
三個方面持續投入許多心力，獲得了相關領域許多專家的支持，
對政府政策、社會意識喚醒、甚至在相關法規制定上有相當的影
響力，也成為媒體碰到相關議題時優先諮詢或邀請評論的對象。
能有如此成就之主要原因，是因為她始終堅持公共利益與尊重專
業，絕不會因任何其他因素而轉彎；久而久之，當然會贏得學者
專家和媒體朋友的信任，也贏得政府相關單位的敬重（雖然，也
許不一定喜歡）。

　　身為董氏基金會董事會的一員、又曾擔任過執行長，我不僅
深以基金會為榮！也深盼這個從創辦人嚴道董事長起所樹立的「計
義不計利」、「義之所在、雖千萬人吾往矣」的珍貴傳統，能不
斷地傳承下去！讓董氏基金會永遠成為臺灣人民健康的守望者！
讓這個極珍貴的社會資源、能持續成為臺灣社會的祝福！

董氏做得比政府還多還好

林家興（國立臺灣師範大學教育心理與輔導學系教授）

在政大心理學系黃國彥教授的推薦下，我很榮幸的從 1999 年開始，跟隨董氏基金會歷任董事長、執行長，以及前臺北市立療養院胡維恆院長，一起參與基金會有關心理健康促進的活動。

在這裡我看見許多令我感動的人和事，像是創辦人嚴道博士無私的奉獻社會公益、嘉隆實業朱英龍董事長，長期捐款推動心理衛生推廣工作、工作夥伴的積極任事，以及許多的專家學者和志工長期投入健康促進宣導工作，讓我自己也成長和學習很多。

我總是覺得董氏基金會做憂鬱症預防宣導和菸害防制，做得比政府還多還好，值得拿到衛生福利績優社團之類的獎項。未來期許基金會還可以從憂鬱症防治擴大到壓力和焦慮症防治，從菸害防制擴大到酒癮防治，繼續造福廣大民眾。

三十而立，四十而不惑

林聖芬（中國電視公司董事長）

如果不是接到林清麗的函邀，還真是沒想到以推動禁菸為職志的董氏基金會，已經成立有三十個年頭。回顧來時路，基金會的工作夥伴自然是點滴在心頭，而做為一直在媒體崗位的旁觀者，個人除了要表達最大的敬意，並衷心祝福董氏基金會真的已經

三十而立。

　　回想在董氏基金會成立之前，臺灣社會的確普遍缺乏菸害概念。做為一名新聞工作者，即使個人並無抽菸習慣，但不論在採訪場域，或回報社寫稿時刻，尤其是在開會期間，周邊總是菸霧繚繞。當時，基於禮貌，不便出言制止採訪對象、朋友、同事的抽菸行為，卻也因而吸了不少二手菸。而在冬天時節，密閉的室內空間更是讓身上的西裝上衣和毛線衣沾滿菸味，久久難以消散。

　　隨著民智漸開，在董氏基金會工作團隊不懈的努力下，透過宣導，形成政策，修訂相應法規，目前不只在臺灣大部分的室內空間和公共場所，都已實現全面禁菸，還大眾清新潔淨的空氣。近年隨著兩岸交流頻繁化，我們更注意到臺灣的禁菸運動已經對大陸形成導向和示範作用。

　　董氏基金會三十而立，推動禁菸功不唐捐。展望未來，自然還有未竟之業。衷心祝願董氏基金會能夠總結經驗，讓禁菸從被動化為主動，禁菸理念也從臺灣跨越海峽普及大陸，至少兩岸的中國人都不必再為禁菸議題所困惑。以未來十年為期，預祝十年後禁菸運動能夠達到四十而不惑的境界。

祝福董氏再造社會公益新典範

邵瑋霖（維他露基金會董事長）

　　與董氏基金會結緣是從 2011 年開始，有感青少年朋友課業與

情緒壓力繁重，維他露基金會與董氏基金會共同合作了四個階段的「運動紓壓　決定快樂」樂動少年公益專案，並與導演葉天倫、超馬媽媽邱淑容、作家九把刀、兄弟象球員，共同召開記者會向社會大眾發聲，推廣運動紓壓的好處，同時結合全國 64 所高中職學校，四個階段累計號召 182,140 名同學共同參與，同學跑步累計圈數更多達 6,000 萬圈，距離足足可以環繞地球 300 圈，成果豐碩，確實向青少年傳達一個重要的訊息，透過運動除了保持身體健康外，更能夠抒發內心壓力，維持「健康」的身心。

　　「三十而立」，董氏基金會成立 30 周年，為臺灣這片土地貢獻卓著，樹立下良好的公益典範，30 年來在董氏基金會努力下，建立起社會大眾生理與心理的健康觀念，並努力扎根於國家未來的棟樑，與「維他露公司」的經營理念「貢獻名飲　創造健康」、以及「維他露基金會」長期推展的「決定快樂」理念不謀而合，均是為了再創身心健康而努力，祝福「董氏基金會」站在下一個三十年的起始點上，努力創新精進，再造臺灣社會公益的新典範。

一起為臺灣的健康加油！

胡志強（臺中市市長）

　　這 30 年來，從對個人戒菸行為的倡導到推動菸害防制法修法，我看到這位老朋友在菸害防制工作上盡心盡力，菸品是一種傷人傷己的武器，戒菸或拒菸不只是重視自己個人的健康、也是

尊重身旁他人的健康，臺中市與我也一直伴隨著董氏基金會的倡導，持續朝向成為「無菸城市」的目標而努力。我還記得 2008 年的最後一天，我與董氏基金會及我們臺中市民在臺灣體育大學體育場一起高呼「無菸臺灣 Yes,We Can ！」，迎接菸害防制法新制上路，臺灣成為全球第 70 個實施室內公共場所全面禁菸的國家或地區，向「無菸臺灣」的理想大步邁進！

在菸害防制的工作以外，我看到董氏基金會也關注兒童少年的身心健康，從飲食健康、營養教育、到憂鬱症防治等議題，積極走入校園，關心我們孩子的健康，這工作對目前少子化、高齡化人口結構的臺灣社會更是相當關鍵，也和臺中市「活力、健康、快樂」的城市目標一致，因此未來我也期待和「三十而立」的董氏基金會一起為臺灣的健康繼續加油、努力。

最後，獻上誠摯的祝福，恭賀董氏基金會 30 歲生日快樂！

正向看待憂鬱症

胡維恆（臺北市立聯合醫院松德院區顧問醫師、

前臺北市立療養院院長）

董氏基金會推動憂鬱症防治工作邁入 16 年，我和基金會的同仁也共事 16 年了。每月定期開會，到參與或代表出席舉辦的各式教育宣導活動、與其它團體交流等，我從中學習很多。當一位精神科醫師，又負責精神專科核心醫院院務，憂鬱症的防治宣導原

就是重要工作，但常覺成效有限，參與基金會後發現同仁點子多，有許多創意活潑又得到很好的宣導效果。

　　早期臺灣民眾對憂鬱症瞭解少，提到去看精神科門診就卻步，在基金會同仁努力下，近年來民眾多已瞭解這是一個常見且可治療的疾病，對於憂鬱症須看精神科門診的觀念已大大提升，也不再視看精神科是大禁忌。

　　我一直相當喜歡基金會推動憂鬱症防治的各式創意發想，讓這個嚴肅、與人距離甚遠的議題變得可親多了，這幾年除原有憂鬱症防治議題外，也加入運動紓壓觀念的倡議，恰與臺灣這幾年的運動風氣結合，帶動了學童從小培養運動及紓壓的好習慣，形成另一股聲勢。

　　很高興看到基金會推動憂鬱防治工作的成長茁壯，未來還有很長的路要走，除了祝福，也願和董氏基金會的同仁們繼續併肩努力！

未來 30 年，繼續發光發亮

孫越（終身義工）

　　記得在 1984 年的 4 月底，我參加了一個由趙少康邀集的環境衛生會議，當時有一位先生站起來發言，看起來很和善而言辭慷慨激昂，他表示自己因吸菸造成肺部疾病、割除肺葉，所以成立「董氏基金會」勸人不要吸菸，我看了他的名片，寫著「嚴道」

董事長，我告訴他，我願意成為董氏基金會的終身義工，就這樣我們一拍即合。

嚴道先生本來是個企業家，他有豐富的人脈、有錢，可以做很多事業，但成立基金會後，便全心全意在公益上，甚至常常貼錢去完成各項公益活動。此外，他還願意傾聽很多人的聲音，尤其是年輕人的意見，這真是令人敬重。

我記得當時歌手薛岳因自己吸菸受害，已是癌末病人，想辦一個演唱會告訴別人不要吸菸，嚴道先生知道後，盡全力協助其完成願望，在國父紀念館辦了一個「灼熱的生命」演唱會，呼籲大家尊重生命。嚴道先生就是這樣一個見義勇為的人，願意當橋樑去幫助別人。

基金會是由一群願意投入公益的人，經過彼此間的磨合，慢慢加上人脈、政府、民眾的支持，不斷茁壯。隨著基金會越來越大，責任也越來越重，嚴道先生要做的工作已不止於臺灣地區，所以他早在 20 年前就發起成立「亞太地區拒菸協會」，結合亞太地區的盟友共同對抗跨國大菸商，之後覺得華人吸菸是個嚴重的問題，也辦了兩岸四地的菸害防制交流。他讓國際看見臺灣，也看見臺灣的菸害防制。

嚴道先生是個令人日子過去越久，越會想念的人，他在世的時候，事先做了很多請益、找了很多專家，把框架都架好，讓後繼者可以走得更順利。這幾十年來，董氏基金會的工作人員都知道基金會要做什麼，大家有很清楚的方向，而且配合時間與社會變化來修正，慢慢地做下去。

　　董氏基金會已在臺灣生根，甚至兩岸四地也都認識董氏，共同打擊菸害的力量已更強大。30 年過去了，有人離開了、有人結婚生子，而凡是待過董氏基金會的人都知道，基金會的每一項工作都很忙，開發的東西都是從無到有，帶給國人最新最有用的健康訊息，這一切都是嚴道先生的貢獻。人總有一天會離開，但嚴董事長帶來的精神已進入董氏基金會各部門的人心中，造成潛移默化的影響。未來的 30 年，董氏基金會還會秉持這樣的精神，繼續發光發亮。

營養界與食品界的溝通橋梁

孫璐西（臺大食品科技研究所名譽教授）

　　三十年前，本人受嚴道董事長與基金會捐贈者董之英先生邀請，在基金會剛成立時即擔任了常務董事。其後雖因家父中風需人照顧，與基金會的緣分暫告中斷，但在約十幾年前再度受嚴道董事長邀請擔任董事，恢復了與基金會的密切互動。

　　基金會創立之初，就非常具有前瞻性的在臺灣推動菸害防制、食品營養、心理衛生等工作，全方位關懷民眾身心健康。尤其是在當時的社會環境下，不僅僅軍中會送菸品，菸酒稅更是國家之重要收入。要推動菸害防制可說是極為困難的一件事，可是基金會還是成功了，而且是大大成功，現在一說到菸害防制，民眾幾乎都會想到董氏基金會。

　　而從 1995 年開始，基金會即積極推動校園食品，希望可以規範校園中所販售飲品與點心的營養、衛生品質，同時教育學童健康飲食的觀念。然在此規範中，一些對營養的標準可說是營養界的理想，本人印象最深刻的是，依照校園食品規範所做出來的豆漿，含糖量非常低，因此學童接受度差。為解決此一困境，基金會請食品業者做出不同含糖量的豆漿供委員們品評與討論，修訂相關規定，透過擔任營養界與食品界的溝通橋梁，讓校園食品可以兼顧營養與美味。現在，全臺灣中小學校均需遵守校園食品規範。

　　三十年走來，本人看著基金會成長茁壯，也期許基金會繼續加油，為國民健康而努力，更希望食品營養組，未來能夠為了國人「吃的健康」，兼顧食品營養與食品美味，走出屬於自己的一條中庸之道。

散播喜悅種子，造福人群

徐重仁（全聯福利中心總裁）

　　生活方式對健康是頭等的重要，當意識到這一點，自然就會把健康掌握在自己手中，而健康的陽光旅程就從董氏基金會開始。記得早年在公共場所時，最不習慣的是不時有菸味飄來，不管是在餐廳、電影院或百貨公司，都有癮君子的蹤跡，只見快樂似神仙的他們，人手一支吞雲吐霧，隨風擴散的菸霧往往令人欲避無從，沾染渾身。近年隨著基金會多年鍥而不捨的積極努力下，落

實菸害防制，臺灣已明訂三人以上公共場所全面禁止吸菸，讓更多的民眾能擁有健康的生活，免於因吸菸所引起的相關疾病危害。

對董氏基金會有更多的認識，是從 2004 年開始，合作推動憂鬱青少年向陽計畫，他們也邀請我參與了青少年逐夢計畫成果頒獎記者會，和得獎同學們分享我如何實踐夢想、在遇到挫折時怎麼因應，一直到最近拍攝運動紓壓分享短片，和民眾直接互動，我可以感受到這個議題在臺灣推動的重要性，也得知他們在憂鬱防治議題的努力、進步與轉變。

在基金會多年鍥而不捨的積極推廣下，國人對於憂鬱情緒的認知及汙名化，已有了許多改善，讓更多的民眾能了解健康的生活，除了身體之外，更該注意心理，並懂得正面思考，這都得感謝董氏基金會在背後的辛勤付出。

董氏基金會 30 歲了，正是邁入青壯、開花結果的而立之年，以永續發展散播喜悅的種子，造福社會人群，期盼董氏基金會未來能繼續堅持不懈，為臺灣推動健康生活環境而努力，加油！

典範性的董氏基金會

柴松林（環境與發展基金會董事長）

三十餘年前，好友嚴道先生得香港董之英先生之鼓勵，計劃創立公益性組織。詢及相關經驗。乃以五項原則期許：（一）創造：勿因襲傳統行善方式，宜前所未有。（二）可行：勿理想雖高，

但難以實踐。（三）參與：勿令君子卻步，凡熱心之士皆可參與。
（四）影響：受益者眾，可促進全民利益。（五）永續：勿像放煙火，
一閃即滅，可長久持續發展。並謂：因法令規章多有不合理之限制；
人力與資源之來源有限；傳統之不正確觀念難以改變；更有既得
利益團體之抗爭誣陷。務請深思而行。

　　嚴道先生不畏困難與來自利益團體之攻擊，毅然任之。終能
以其智慧、熱情、堅持與無私之精神；領導董氏基金會成為促進
國民健康，提升生活素質，鼓勵公益參與的典範組織。而後繼諸
君皆能秉持初創之原則與精神，開拓更為廣闊之天地，嘉惠世人。

期許董氏茁壯，永續經營！

郝龍斌（臺北市市長）

　　我與董氏基金會結緣多年，有很特殊的情誼，從在臺大教書
開始，就有接觸基金會的公益服務，擔任立委後，更與基金會一
起推動食品管理法的立法；很多食品營養議題上，基金會更是我
最好的夥伴，後來還擔任過基金會的理事。

　　今年是董氏基金會成立 30 週年。環顧 30 年來，基金會最值
得自豪的，就是始終秉持公正客觀態度、不畏權勢、拒絕利誘，
為民眾說真話，也因此贏得民眾信任，成為社會倚重、具公信力
的民間團體，實在不容易！尤其在社會價值觀混淆、食安與全民
健康引發疑慮之際，更需要基金會展現社會中流砥柱的價值，秉

持一貫的道德良知，從專業出發，為民眾把關！期許董氏基金會繼續茁壯，永續經營！

沒有心理健康就不是真正健康

陳正宗（高雄市立凱旋醫院院長）

董氏基金會是一個推動戒菸運動的團體，已是國人耳熟能詳的事實，也是全國最成功對自己理念宣導的基金會表率，董氏基金會除此亦投入心理健康議題的促進，舉辦非常多的運動、心情及壓力調適的活動，有別於一般社會大眾的慢跑，心衛組的規劃更深入到小學、國高中，希望我們的努力可深耕下一代。

董氏基金會心理衛生組也在高雄成立辦公室且組成心理健康推動小組，推動過多次大型活動博得好評，亦在南臺灣建立稍許成就，本人曾參與推動，留下無限美好回憶。

用世界衛生組織（WHO）之銘言「沒有心理健康就不是健康」（There is no health without mental health）在董氏基金會三十週年慶上與同好共分享之！

感恩‧董氏基金會、美好事工

陳永興（羅東聖母醫院院長）

　　我很欽佩嚴道先生創立的董氏基金會，長期投入菸害防制、食品營養和心理衛生的工作，對國人健康貢獻良多。在我擔任高雄市衛生局長任內，董氏基金會又到南部拓展心理衛生工作，特別是憂鬱防治方面，因我本身是精神科醫師，就義不容辭與基金會舉辦各種活動，提供南部辦公室場地支持基金會的工作，後來也出任基金會董事，從此變成董氏基金會的永遠志工。感謝上帝有此安排，希望未來董氏基金會能為臺灣社會作更多美好的事工。

共同提升國人健康飲食品質

陳保基（行政院農業委員會主任委員）

　　董氏基金會與農委會有很深的淵源，多年前開始便一起合作提倡正確的飲食觀念、鼓勵民眾多攝取蔬果、正確選擇乳品，同時也積極溝通食品風險的觀念。一路走來，我們共同為了國人健康而努力，也共同擁有許多難忘的回憶。

　　本會未來也將繼續和董氏基金會攜手，帶給國人更多正確的飲食觀念，期望提升國人健康飲食的品質。

　　30週年是一個特別的里程碑，在此祝福與勉勵董氏基金會繼續為國人健康加油！

祝福董氏還有更多的三十年！

陳曼麗（主婦聯盟環境保護基金會董事長）

臺灣從到處都可以吸菸，到很多地方都不可以吸菸，董氏基金會三十年來的貢獻，實在令人讚嘆！對於不吸菸的人，不管他是小孩還是大人，可以不受到二手菸的荼毒，「我不吸菸」，成為普遍性的人生態度。另外，在食品安全上，我們也見識到董氏的努力，促進國人更健康。主婦聯盟有幸成為董氏基金會的夥伴，在提升健康的品質，一起努力，與有榮焉！祝福董氏基金會還有更多的三十年！

感恩 30 年來各界相助
期待繼續並肩前行

陳淑麗（終身義工）

很榮幸，能在演藝事業春風得意時，因為戒菸成功，而和董氏基金會有了奇妙的超連結，而我的生命列車也因此轉向截然不同的旅程。

過去這 30 年，我的工作經歷了演藝人員、保險人員到現在的瑜伽老師，轉換了不少工作，也經常處在待業中，始終不變的是董氏基金會的終身義工，一直信守當年和孫叔叔在記者會上終身相許當義工的諾言。

感恩能在董氏這個家庭中成長，更感恩前面一直有兩位爸爸領軍，一位是在天上的基金會創辦人嚴道先生，一位是大家的老朋友孫越叔叔，而後面則有能幹的年輕人，我是身在其中的幸福人。

猶記當年嚴董事長全心為了基金會，把經營的工廠託付別人管理，結果人跑了，工廠只好結束，他還是無悔地守著基金會。我曾因當董氏義工被認為形象太公益而遭商業廣告拒絕，傷心之餘，想到嚴董事長的故事，也就放下了。此外，當年菸害防制法在立法院交戰，嚴董事長因攝護腺癌在美國就醫，仍每天長途電話關心，縱使再艱辛，仍不動搖，因為他的精神，堅定我要完成任務的毅力。

董氏能從草創時期 3 位工作夥伴到現在 30 多位工作夥伴，不改當年成立時的初衷，一路前行，真是有來自四面八方的助力。感恩 30 年來，一路相挺的貴人，包括電視、電臺及報章雜誌相關的記者、好友、創意人、立法委員、弱勢團體的夥伴、學者、企業界的贊助者，以及社會大眾等。

今天董氏在三十而立之時，感恩來時路有您相伴，爾後依然期待有您並肩前行，讓董氏秉持著嚴董事長的精神，更有力量承擔起促進全民健康的社會責任。

從摩擦到互相勉勵的朋友

陳朝陽（台灣糖菓餅乾麵食工業同業公會總幹事）

　　本人瞭解董氏基金會長期以來即受國人敬重，與董氏基金會食品營養組接觸，是在多年前營養組推廣校園食品業務時期，初期因為業務理念不同，不免有些許摩擦，經過密切溝通與討論，加上國人健康意識的抬頭，逐漸有了共識，不僅認同健康飲食的理念，也成了互相勉勵的朋友。

　　這一路上走來很愉快，我們糖菓餅乾麵食工業同業公會很榮幸能一起為社會盡一份力！希望董氏基金會能堅持到底、不忘初衷、繼續為大眾健康努力！欣聞 貴會成立 30 週年，在此特獻上最誠摯的祝福！

有待完成的無菸臺灣夢

陳紫郎（美國杜蘭大學教授、「亞太地區拒菸協會」

APACT 永久名譽祕書長）

　　董氏基金會三十周年紀念，可喜可賀。我往書架、簡報堆、記憶卡裡，尋找資料，找著、看著，就被一張舊相片吸引住了。25 年前我仍有一頭烏髮，坐在嚴道博士旁邊，另一頭坐的是韓國的鄭光謨女士，就是那時，我們三人決定召開第一屆亞太菸害防制會議，由嚴董事長領導並出資，鄭女士出名，我年輕，就出力

打雜，就這樣，在臺北亞都飯店請來 40 位亞太反菸領袖，在 1989 年 6 月 12 日成立了亞太拒菸聯盟（APACT），發下豪語誓言在公元 2000 年時把亞洲改造成一個無菸亞洲，就這樣我跟董氏結下 25 年的不解緣。

APACT 首要任務就是幫助泰國抵抗美國用 301 法案強迫泰國打開菸草市場，於是嚴董事長就派我在華盛頓時報刊登半頁廣告，質詢老布希總統「你是友人或是敵人？」同時在美國 301 法案聽證會發言，敘說美國菸草貿易政策的不當，並應邀出席美國國會議員質詢，解說 APACT 立場，堅決反對開放泰國菸草市場，我和董氏的關係也就這樣越結越深。

一開始，我就為嚴董事長的人格、修養吸引，他做事有原則、是非分明、忠黨愛國、待人誠懇，對反菸一點也不馬虎，同時幫他做事的都是好男好女，合作愉快，像清麗，活潑有衝勁，慕蘭做事穩健，而雅馨有見識也能幹。我再次歸國造訪，董事長就請他們來一起商量籌劃，結果菸害防制法規、媒體宣導、APACT 的推行，就一件件順利完成。遇到重要工作時，嚴董事長就請來孫越和陳淑麗，他們一出現，鎂光燈就閃個不停；而有需要時，再請來吳伯雄和張博雅，夢幻團體就此形成，董氏基金會的聲明，就一定見報。菸害防制銳不可擋，我參與其間，覺得與有榮焉。

嚴董事長在 2000 年 9 月仙逝，噩訊傳來，舉世哀悼。為了紀念他，APACT 在 2004 的韓國大會時，設立第一屆嚴道博士紀念講座，由舉世崇敬的 Dr. Judith Mackay 當第一位得獎人；2007 年 APACT 在臺北舉辦，就由哈佛大學的 Dr. Greg Connolly 擔當第二

屆得獎人，就此，嚴董事長的英名永存，令後人景懷。

嚴董事長仙逝後，董氏基金會的董事長由社會顯達賴東明、黃鎮台和謝孟雄先後接棒，發揚光大，而執行長一職，由年輕幹練的優秀人才葉金川、周逸衡和姚思遠，接手帶領董氏的菸害防制工作家喻戶曉更上層樓。菸害防制組的工作就由林清麗負責，她全心全力推動菸害防制工作，和歷任領導者合作無間，推動「戒菸就贏」、「新法上路」、「增加菸稅」、推動「公共場所不吸菸」法則，成效斐然。

2000 年時，臺灣通過增加菸捐法案，頓時政府的菸害防制經費充沛，跟著二代戒菸計劃推出，戒菸門診上路，一片蓬勃氣象。可是在 2007 年，董氏基金會主導推動兩岸四地菸害防制平臺，由臺灣、大陸、香港、澳門輪流作東，討論在華人世界菸害防制問題的挑戰及其策略，幾次會議下來，臺灣團隊驚覺臺灣政府反菸經費充沛，媒體宣導華麗，可是和香港相比，似乎仍落後一大段，全國吸菸率居高不下，實在令人憂心。

回首 25 年來和董氏共同打拚，如今嚴董事長生前許下的打造無菸臺灣、無菸亞洲的期許仍未完成，想著、想著，摸摸我的頭，頭髮掉得差不多了，是否就此罷了？可是看看董氏團隊仍是一片熱忱，不懈不怠，唉！為了臺灣人的健康，再掉幾根頭髮又何妨！還是再努力吧！和董氏同仁再一起努力完成嚴董事長未完成的臺灣無菸夢吧。

樂動計畫，讓學子及企業都朝氣蓬勃

游倫輔（台灣汽車冷氣股份有限公司總經理）

記得是五年前在一個餐會上，經由佳必琪陳麗玲副總介紹，因而有機緣認識了董氏基金會「樂動校園計畫」以運動紓壓為手段來達成憂鬱症防治工作，自此之後就沒有缺課，只要能參與余必赴任。（例如：企業經理人運動紓壓經驗分享或是臨場與青少年一起跑步，都成為我年度工作日誌中的優先項目）。

董氏基金會長期投入社會公益，有效結合企業志工關懷全民身心健康，個人與台灣汽車冷氣能參與贊助企業的行列，實屬榮幸。自從參與樂動校園活動以來，有許多機會接觸國中小同學，不但讓自己心態更年輕，無形中也要求自己每年回校園見同學時，要保持身材與活力。

平常喜愛參與單車運動，常把參與樂動校園的經驗與歡喜分享，也力邀身邊一群單車好友參與贊助樂動校園公益活動，例如：太古汽車黃齊力總裁；勤業眾信陳威宇執行副總；崇越科技陳建勳總經理；晶華集團薛雅萍執行長等好友都慷慨熱心贊助。

今正值董氏基金會創設 30 周年，個人僅代表台冷同仁與一起參與的企業志工好友們，向謝孟雄董事長、姚思遠執行長、雅馨主任與全體心理衛生組幕後英雄說聲謝謝！謝謝貴會搭起這個結合企業與校園的平臺，積極促進全民身心健康。

佩服董氏將憂鬱防治工作推展於極致

黃正鵠（救國團召集人、高雄師範大學輔導研究所榮譽教授）

　　董氏基金會 2002 年在高雄成立辦公室，終於將憂鬱防治暨心理健康促進的教育宣導工作跨過濁水溪，因應南北區域的不同，積極推展多項在地化防治宣導方案。從那年起，我也與董氏基金會有了更密切的互動。

　　印象極深的是，創立高雄辦公室之初，當時基金會葉金川執行長及心衛組葉雅馨主任定期南下參與心理健康促進諮詢委員會議，諮詢委員包括精神科醫師、心理、社會、教育、媒體等領域，所有成員針對憂鬱防治推展事項討論，也適時針對不同需求，如八八風災、新移民等需要關懷的族群給予協助。

　　記得有次雅馨南下於活動後，她看著大大的落日斜陽讚嘆不已，我告訴她：高雄的太陽真的很大，常來吧！如果有更多北部推展的憂鬱防治方案能在高雄推動，會幫助更多的憂鬱症患者。

　　很佩服董氏基金會用現有的人力、資源將憂鬱防治工作推展於極致，祝福他們未來能獲得更多資源投入，充分發揮所長，倡議促進臺灣民眾的心理健康。

沒有董氏，就沒有今日的菸害防制

楊志良（亞洲大學教授、前衛生署署長）

　　沒有董氏基金會，就沒有今日的菸害防制。多少生命及健康也就因此不能獲得解救。有些善良的公共衛生措施會嚴重影響某些人的利益，因此衛生主管部門只能加強宣導，而未能採取有效的介入措施，且比起鋪天蓋地的商業廣告是螳臂擋車。董氏基金會從草根發動，讓政府衛生機關得到充分的支持，政府與民間合作，方能有目前的成就。

　　個人十分慶幸得與孫叔叔成為忘年之交，一起出國、一起品嘗美食，更重要的是，向他學習如何做一個以關懷社會為職志的社會人，讓社會更美好，也讓自己更快樂。他個人的故事是防制菸害、肥胖控制、心理衛生的最佳代言人，姚執行長及淑麗姐等志工的熱忱，只要是相關健康活動，可說是有求必應，是我們歷任衛生官員的最佳夥伴。

極具創意的宣導，讓世界都讚賞

楊美賞（高雄醫學大學護理系教授）

　　董氏基金會全方位關懷民眾身心健康，是享有卓著聲譽的非營利民間機構，我很高興有機會參與心理衛生組在南部辦公室的心理健康活動之規劃和推動。

其中特別讓我難忘的是，有幾次剛好與心衛組葉雅馨主任和幾位諮詢委員一起同行，參加世界心理衛生大會。基金會的成果海報、VCR 及具創意的宣導品常吸引很多與會者的興趣和欣賞，我們的攤位總是聚集最多人。有一年，在智利聖地牙哥開會，除發表怒氣與心理健康的報告外，心衛組諮詢委員黃國彥教授還穿唐裝打了幾招紓壓太極拳，引起很多迴響。無形中為外交處於弱勢的臺灣做了很好的行銷和國民外交。至今回想起來，內心仍充滿感動。

美好的緣分

葉天倫（導演）

和董氏基金會的緣分，是從我逃避電影那個階段開始的．當時在劇場演出，同時也主持電視節目，因緣際會主持了一場基金會心理衛生的記者會後，就和董氏結下這樣深刻美好的緣分。

那時，跟著基金會憂鬱防治影片《紀錄》、《黑潮》跑了好多學校放映並講座，當時看著豆導（鈕承澤）侃侃而談他的創作理念，看著臺下學生和諮商師、醫師討論憂鬱情緒等問題，不但對憂鬱症更瞭解，也可以說在我心裡「影像創作」的癮也蠢蠢欲動，慢慢的，我也從幕前的主持人轉為幕後的導演。

於是，到基金會開會的內容，從討論記者會流程漸漸變成討論劇本走向．在基金會大力支持下，拍了《請。聽》這部微電影。

在拍攝過程中，更深入的了解基金會對憂鬱症防治的一切努力，最重要的是，更瞭解我自己，那段期間我也正經歷一段憂鬱低潮的時候，那時讓我深刻感受到，影片完成後得到最多的不是觀眾，得到最多的其實是創作者。

2014，是董氏基金會 30 週年．祝賀基金會生日快樂，也感謝基金會全體朋友的無私付出！

有董氏捍衛國人健康，真好！

葉金川（台灣血液基金會董事長）

大家都以為董氏基金會只從事菸害防制，事實上，董氏還有心理衛生、食品健康等社會教育活動，現在也越來越看到這些議題的重要性。記得三十年前，剛成立董氏基金會時，就是因為有藍忠孚教授、宋維村醫師、孫璐西教授等專家建議，選定這三個領域做為倡議的主軸，方向正確，加上社會各界協助，今日基金會才能有如此豐碩的成果。

外界以為董氏基金會人多勢眾、資源很多，其實都是募集各界團體或個人的捐款及志工貢獻所組成，人力物力是拮据的，在此情況下，能夠有這麼大的成就，是「人和」的功勞。創辦人嚴道董事長、賴東明董事長，黃鎮台董事長，任內都有很大的貢獻。

我很佩服嚴道董事長，在篳路藍縷的背景下創立基金會，且打下很好的根基。1998 年我離開公部門到慈濟大學當教授的時候，

嚴董事長為了找我來當執行長，花自己的錢把基金會的辦公室整個重新裝潢，他是非常節省的人，之所以大動土木，是希望提供好的環境，找到人來帶領基金會。

　　嚴董事長生前每年都捐股票或捐款，奠定了基金會的財務基礎，他出錢出力，不是為了個人的名利，是為了國人的健康，義無反顧地投入公益事業。

　　我參與基金會很多活動，印象最深刻的是跑到美國在台協會（AIT）舉牌子抗議，當時美國用 301 條款，威脅臺灣要開放進口美國菸。上街頭抗議，對我來講是絕無僅有的經驗。此外，經過同仁與志工的努力，說服政府課徵菸捐 5 元，這有賴社會大眾對於菸害的認知與共識，今日菸捐已提升到 20 元，若沒有當初董氏基金會開路先鋒的努力，不會有此成果。在此，也要感謝所有不怕國際菸商威迫利誘、在立法院裡協助菸害防制法案推動的立委，感謝他們配合和努力，才能創造無菸的家園。

　　基金會三十年了，未來還有很長的路要走，期許基金會的精神能永續存在，國人還有很多健康的議題，需要這樣的民間團體來跟政府配合，一起來捍衛國人的健康。

全民健康的守護者

葉秋莉（中國文化大學保健營養學系副教授）

　　參與董氏基金會活動是在我大三那年暑假，我在基金會擔任

實習生，參與的活動中，讓我印象最深刻的就是推動小朋友多吃蔬果。那年還辦了多吃蔬果夏令營，看到小朋友把不喜歡的青菜很開心的吃下去，是我最得意的時候，那是我第一次覺得自己可以把所學貢獻給社會大眾，心裡覺得相當踏實與滿足。期望基金會可以繼續推廣保健營養的知識，扮演全民健康的守護者。

扮演產官學界的溝通平臺
造福國民健康

詹岳霖（泰山企業董事長）

董氏基金會食品營養組一直以來致力於推廣國人「吃得健康、吃得安全、吃得營養、吃得環保」的觀念，我們十分認同，因為教育 Education 與法規 Regulation 同樣重要；此外，基金會長期扮演產官學界的溝通平臺，協助共同面對問題，減少對立，這種創造良性互動的正面態度，更是國內相關團體的楷模；在這個食安事件頻傳的年代，我們更加感佩董之英先生與嚴道博士三十年前創會的理念，未來泰山將與基金會繼續密切合作，一起協助產業升級，造福國民健康！

持續努力，為國人健康加油！

潘文涵（國家衛生研究院營養醫學研究群主任）

　　董氏基金會食品營養組致力於國人營養教育多年，累積了不同對象與議題的實務經驗，也推行過許多有意義的活動，尤其在結合營養專業背景從事媒體導向的健康促進議題影響很大。

　　2009 年間，本人與董氏合作推廣可以有效防治高血壓的「得舒飲食」，結果在 4 個月後，全國民眾從幾乎沒有人知道得舒飲食到有 4.5％的人有相關認知，是很驚人的成效！

　　期許未來營養組能夠持續秉持這樣的使命感，繼續努力，為國人健康加油！

願攜手為消費者健康把關

潘進丁（全家便利商店董事長）

　　做為食品通路，全家便利商店有責任提供消費者安心、安全的商品，因此十分認同董氏基金會推廣、重視健康之理念，期許一同攜手為消費者健康把關。

　　2013 年 7 月，我接受董氏基金會《大家健康雜誌》採訪，採訪包括個人運動及紓壓經驗習慣；這是生平第一次，有媒體與我一起爬山運動、實地貼身採訪。炎炎夏日，我們頂著大太陽，在三十幾度的高溫下，走完一段不算短的山路，每個人都汗流浹背。

在這次十分「健康」的訪談裡，可看出董氏基金會平面和影音採
訪組的用心，分工精密、作業亦十分嚴謹，是一次互動良好且愉
快的採訪經驗，令人印象深刻。

董氏基金會邁入 30 周年，「全家」祝福董氏基金會永續經營，
亦願與之共同攜手，為消費者健康把關，善盡社會企業責任。

期望董氏再向前
將臺灣經驗與國際分享

蕭美玲（前衛生署副署長）

董氏基金會成立 30 週年，對於臺灣民眾健康的增進，可說厥
功至偉。做為曾經擔任政府公職 40 年的一員，深切感受到這個民
間組織對於目標的堅持、推動的熱忱與持續力。

每當國際友人詢問何以臺灣所推動的菸害防制工作能夠順利
而有不錯的成績時，我總是驕傲地告訴他們，因為我們有強大的
民間團體「董氏基金會」！相較於美、日、香港，菸害防制工作
主要由醫療相關團體如 Lung 或 Heart Association 發動，而臺灣則
是由具有草根性的基金會，憑藉著「孫叔叔」、「阿麗姊」等形
象突出、具備熱忱的志工與基金會成員傑出的媒體公關策略，不
但在平時的宣導深入民心，更在修法時展現強大的政治影響力。

菸害防制是 WHO 重點工作，也是國際共同議題，期望
三十而立的董氏基金會能經由 FCTC（Framework Convention of

Tabacco Control）相關活動的參與，再向前跨出一大步，將臺灣經驗與國際社會分享。

董氏的用心
給了吾等對志業與人生的專心

賴東明（台灣活動發展協會名譽理事長）

　　與董氏基金會結緣以來，已是三十年。三十年來參與許多公益活動之推動，雖無十足成事，卻被親朋稱為「公益人」；而一生在廣告界任事五十年，亦被稱為「廣告人」。

　　做為一個廣告人，時時追求的是廣告的刊播要有助廠商、廣告的效果要能影響人心、廣告的目的要建立民眾消費觀等。做為一個公益人，日日思懷的是幸而有此生，追求人與人的和諧，人與自然的融合，在此觀念陶冶下，心境就會寬闊、平和、隨緣。

　　回顧自己一路走來，三十年的公益生涯，曾用心投入，五十年的廣告生涯，曾用心任事，廣告人與公益人結合一生，在人生的旅程上，二〇一四年將是勉勵自己再持續用心行事的一年。非常感謝董氏基金會的同仁們用心於菸害防制、食品營養、心理衛生、大家健康等公共衛生的推廣，彼等的用心給了吾等對事業、志業、生活與人生的專心。

　　　　　以上感言祝賀短文，依作者的姓氏筆劃順序排列

30周年專書編輯後記

公益的力量

文／葉雅馨（大家健康雜誌總編輯）

「是什麼構成了董氏基金會？」2002年時，創辦人嚴董事長辭世一個月，那年是他帶領董氏的第18年，也是我在工作上的第18年。他離開是一項莫大的心理衝擊，當時的執行長是葉金川，他用力地問了這個問題。不加思索的答案是：終身義工、董事長、執行長、董事、顧問、知名藝人、政要、媒體，一群年輕的、資深的工作同仁……。是在工作上努力不懈後，累積的一股被信任感；是一股追求健康理念的執著，及每個人在經歷董氏時那一種「不計較」的情感。今2014年，董氏30年了，就像走入時空長廊，許多精彩過往的片刻不斷湧現……，而你是怎麼和董氏相遇的呢？

從事社會運動的確需要有勇氣和傻勁，或許也需要一些盲目嘗試與一些瘋狂想像，基金會的各項健康促進不正是如此？某個程度來講，在基金會工作，就像是自我實現的過程，為著一個理念目的，天馬行空的想像，落實地寫出一個企劃，透過聯繫結盟，修正它的可行性，然後就義無反顧地去做了。

翻閱這本專書，它見證了基金會各組業務30年來的種種，每張照片都有生動的故事及人物，也訴說著背後曾經參與其中的工

作伙伴令人振奮的、出糗的、著急的心情，當然一定也伴隨許多挫折無奈的滋味。同時可以看到嚴董事長的帶領、教導我們走過年輕歲月，共同的經歷與堅持。他常說「要做社會的火車頭」、「不怕做錯，只怕不做，去做就對了」、「要與人為善」、「公益關心要從身邊周圍的人做起」等等，常提醒要把家庭變成公益的支柱，他也成就董氏為一個公益的家，溫馨而有力量。

　　我想，有一天，在不同的職場上遇到一個落落大方的年輕人告訴你，他小時候參加過董氏的「小領袖培養營」、「公益小尖兵」、「親子減肥營」；或略有白髮的成熟男子告訴你，他戒菸成功了，主要是孩子告訴他，「你不抽菸才是我的英雄，可以參加戒菸就贏比賽」；或一些關心健康資訊的朋友驚訝地說，原來《大家健康》雜誌是董氏發行的，還出版不少好看的書……，這時，你會知道有一個健康理念在延續著，或者董氏基金會的健康種子在散播其中，那正是一股公益的力量。

　　我們的過去或許你來不及參與，但誠摯地邀請你與我們一起走進下一個精采挑戰的 30 年。再一次去想：是什麼組成了董氏基金會，其實無論是什麼，重要的是因為有你、有我、有「咱們」。

國家圖書館出版品預行編目 (CIP) 資料

公益的力量：董氏基金會 30 周年專書 / 葉雅馨總
編輯 . -- 臺北市：董氏基金會《大家健康》雜誌，
2014.05
　　面；　公分
ISBN 978-986-90696-0-1(平裝)

1. 董氏基金會 2. 非營利組織 3. 公益團體

546.7　　　　　　　　　　　　　103009063

董氏基金會30周年專書
John Tung Foundation 30th Anniversary

出　版　發　行／財團法人董氏基金會《大家健康》雜誌
發行人暨董事長／謝孟雄
執　　行　　長／姚思遠

總　　編　　輯／葉雅馨
主　　　　　編／楊育浩
執　行　編　輯／蔡睿縈、林潔女

編　輯　顧　問／林清麗、許惠玉
編　輯　協　力／陳盈君、戴怡君、陳醒荷、姚慕蘭

封　面　設　計／比比司設計工作室
內　頁　排　版／廖婉甄

地　　　　　址／臺北市復興北路 57 號 12 樓之 3
服　務　電　話／ 02-27766133
傳　真　電　話／ 02-27522455、02-27513606
董氏基金會網址／ www.jtf.org.tw

郵　政　劃　撥／ 07777755
戶　　　　　名／財團法人董氏基金會

印　刷　製　版／沈氏藝術印刷

出版日期／ 2014 年 5 月 19 日
定價／新臺幣 300 元